- 목차

교육 문의 : 이 아라 010 - 9395- 5072

다른 미용실은 뭘 하지?
을 시작하며!

(다른 미용실의 시크릿 레시피는 뭘까?) 가 저는 늘 궁금했어요~

저는 미용 경력은 30년이고 지금은 울산에서 1인 미용실을
하고 있는 이아라입니다~

내가 하는 미용실보다 다른 미용실이 더 고객도 많고

매출도 높을 거 같고

내가 모르는 어떤 기술이나 시술 레시피가 있을까?

원장님이 경영하는 미용실에 고객이 사라지고 예약이

줄어들 때마다

이런 생각을 한 번쯤은 해보지 않으셨나요?

디자이너분도 크게 다르지 않죠~

내가 더 기술이 좋은데 왜 매출은 저 친구가 더 높을까 ?

머릿속이 복잡해지는 순간이 찾아오게 되죠

저는 미용 교육을 하게 되면서 그동안 수많은 미용실을 방문했고

제가 교육하는 시술 레시피보다 더 대단한 시술 레시피를 배우고 올 때가

많았고 그걸 접목해서 고객님께 해서 반응을 보고 시술 일지를 기록하고

지금까지 그렇게 공부하고 배우면서 미용실을 하고 있어요~

그동안은 제가 배운 지식들을 정리해서 교육을 통해서 알려드렸었는데

고객님들이 좋아하고 매출을 올릴 수 있는 다른 미용실의

시크릿 레시피를 정리해서 전자책으로 만들었어요~ 감사합니다.

미용계의 큰 어른이시고 저희들의 스승님이신 송부자 선생님의
열정을 본받으려고 항상 노력하는 미용인이 되겠습니다

다른 미용실은 뭘 하지 ~?

교육을 하거나 받기 위해 미용인들이 모이면 가장 궁금해하는
부분입니다

정말 대단하다는 교육이 있으면 결혼식만 올리고
신혼여행도 미루고 갔었고

엄청난 시술을 해서 고객이 넘친다는 미용실이 있으면
지역 상관없이 고객으로 가서 직접 눈으로 확인했습니다

그래서 얻은 저만의 결론은
고객이 넘쳐나는 미용실은 그만한 이유와 노력이 있었고

대단한 기술로 교육을 하시는 분들도
그렇게 되기까지 많은 시간과 투자를 하신 분들이었습니다

똑같이 생긴 사람이 없듯이 미용실도 잘되는 부분을 배우는 건 좋지만
결국엔 나에게 맞는 방식이 있다고 생각합니다

그래서 이 책은 레시피를 중심으로 해서 고객시술 위주로 만들었어요

컬러는 우리 미용실 고객님들이 연령대를 불문하고
가장 선호하시는 레이어드 컬러 기법을 담았고

연화펌과 디지로그펌. 아날로그 웨이브는 고객 시술 위주로 담았는데

미용인들이 보시면서 염모제와 펌제는

내가 쓰는 약이 가장 손에 익숙하시니까 내가 사용하는 약제라고 생각하면서

보시고 시술 레시피도 내가 하는 거랑 비슷비슷한데 이 부분만 응용한다는
생각으로 보시면 훨씬 시술과 매출상승에 도움이 되실 겁니다.

📖 한 권에서 한 가지만 건져도 손해는 아니라고 생각하고 읽어보세요
감사합니다~

컬러와 펌을 하기전에! 01

펌이나 컬러를 고객에게 하기 전에 먼저 생각하고 알아야 할 건
20대와 50대 이후의 머릿결은 많이 다르다는 부분입니다

미용실마다 정도의 차이는 있지만 펌과 컬러를 하는 고객의 비율의 %를
체크해 보신적이 있나요?

대체적으로는 컬러가 펌보다 훨씬 압도적으로 많고 탈색이나
새치염색을 하는 고객 중에는 홈염색을 하는 분들도 많아서

기본적으로 손상을 가지고 고객들이 미용실에 오고 있고
그래서 기술만으로 모든걸 해결할수 있는 시대는 이미 지나갔습니다

지금 내 앞에 있는 고객의 모발 컨디션에 맞는 약제를 제대로
사용할 수 있는 지식과 경험의 축적이 없으면
고객이 원하는 펌과 컬러를 시술하기 어려워요

아무리 좋은 교육을 받고 뛰어난 제품을 가지고 있어도
경험하고 공부한 축적의 양이 부족하면 다양한 고객의 취향을
맞출 수가 없다는 걸 아셨으면 합니다

지금은 펌과 컬러를 별개로 보지 말고 같이 공존하는 기술과 지식의
레시피가 필요합니다
컬러는 잘되는데 펌은 안 되거나 반대로 펌은 안 되는데 컬러는 잘되는

그런 모발은 극소수이고 대부분은 펌이 잘되는 모질은
컬러도 잘된다는 걸알고, 시술일지를 기록하세요.

컬러와 펌을 하기전에 02

특별한 미용실을 제외하고 대부분의 미용실은
펌과 컬러를 같이 시술을 합니다 한 가지만 전문으로 한다는 게
쉽지가 않죠

커트가 미용실의 모든 시술에 베이스이고 실제 고객 수는 가장 많지만
아직까지는 커트 요금은 상대적으로 저렴해서
커트에만 집중해서는 매출은 한계가 있고 몸은 힘들답니다

지금 집중해야 하는 건
새치염색이든 탈색이든 컬러로 손상이 커진 모발에
어떻게 하면 손상 없이 펌을 할수 있을까? (매직도 포함해서)

어떻게 하면 열펌이나 매직으로 데미지가 커진 모발에 손상없이
유지력이 길고 윤기나고 고객이 원하는 예쁜 컬러를 할 수 있을까에
집중해야 미용실의 매출과 고객의 만족도가 같이 올라갑니다

겉으로 보기에는 같은 손상모로 보여도
20대와 50대 이후의 고객들의 손상도는 완전히 달라요
이 부분을 예민하게 인지를 못 하면 특정한 연령대의 고객들만

만족시키는 시술 위주로 갈 수밖에 없고 그렇게 방향성을 잡고 가면 노력을
많이 해도
매출은 어느 선에서 멈추고 매출이 떨어질 때는 가파르게 내려옵니다

지금은 크리닉만 단독으로 받거나 주 1회로 티켓팅을 해서
모발 관리만 따로 받으러 오는 고객보다는

열펌이나 컬러를 하면서 같이 크리닉을 하는 고객들이 훨씬 많은데
크리닉은 크게 나누면 모발 속을 채우는 이너케어와
모발 겉면을 정리하는 부분으로 나눠지는데요

모발진단을 제대로 못 한다면 비싼 제품을 사용하고 시간을 투자해도
결과가 만족스럽지 못하고 시술 클레임이 발생합니다.

컬러와 펌을 하기전에 03

새치염색을 반복한 모발에 펌을 하면 컬이 탄력 있게 잘 나오나요 ?
톤다운컬러로 새치염색을 반복하는 50대의 고객의 흰머리는
속은 비었고 겉은 경화돼서 딱딱한 상태입니다

겉과 속이 다른 상태인데 겉만 보고 머릿결이 괜찮아 보여서
강한 펌제로 연화를 보거나 직펌을 하면
컬의 형태가 부스스하고 거칠어져요

탈색을 반복해서 겉으로 보기에 데미지가 커 보이는 20대의 모질은
눈으로 보는 것보다는 모발 속은 덜 비어있는 경우도 많았어요
겉으로 봐서 손상이 커 보이는 모발은 고객 스스로도 컬의 형태만
나와도 만족할수 있지만 겉으로 보이지 않는 모질은

사전 상담에서 지금의 손상도가 어느 정도인지를 꼭 알려주세요

똑같이 가는 모발이라도 속이 비어있는 다공성모는
연화를 잘보고 열펌을 해도 시간이 지날수록 가늘고 부스스해져요

그래서 시술 전에
펌이라면 볼륨만 가능한지 c컬만 가능할지 s컬도 될지를

컬러라면 어느 정도의 색이 나올지 유지력은 어느 정도 갈지를 상담하고
홈케어 시술 제품을 같이 판매해야 하는데

고객들이 가장 많이 하는 말이 있죠
집에 좋은 제품 많다고 그거 다 쓰고 구입한다고 하는데

그 제품들이 좋은 제품이겠지만 오늘 한 시술을 관리해주는 제품은
이거라고 권해주시고 구입 안 하시면 자주 오시면 된다고 저는 말씀드려요.

지금은 케라틴 시대 ! 01

크리닉도 시대에 따라서 하는 방식도 달라지고 주성분도 달라지고 있어요
요즘은 케라틴이 대세 !

케라틴이 왜 지금 미용실의 전후처리 크리닉의 대세가 되었을까요 ?
첫 번째는 손상된 모발이 많아서 단순히 속을 채우거나
겉자락만 코팅막을 입혀서는 효과가 적기 때문입니다

고객들이 생각하는 복구시술과 미용실이 생각하는 복구의
차이점이 뭘까요?

머릿결이 윤기나고 찰랑찰랑거리는 게 복구일까요?
제가 복구전문점을 하면서 알게 된 건 복구시술의 개념인데 설명해 볼게요

1. 복구는 모발 속에 떨어진 결합들을 붙이고
2. 열려있는 큐티클을 한 방향으로 가지런하게 닫아준다. 입니다

이렇게만 하면 엉킨 모발이 빗질이 편하게 되고
늘어진 머리카락에 인장 장력이 생깁니다

잘 아시겠지만, 인장 장력이 없는 머리카락은 형태를 만들 수가 없어요
건강한 모발을 만들려면 필요한 성분들이 모발 속에 들어가서
모발 속에 남아있는 단백질과 만나고 결합해서

화학적인 반응을 일으켜야 하는데 실리콘이 주성분인 크리닉은
모발 겉면만 붙어있다 빠져 나가서 당장은 느낌이 좋을지 몰라도 효과가 없고
손상이 큰 부위에는 실리콘이 모발속에 들어가서 나중에 거친 질감이 됩니다

PPT를 뿌말뿌말하면 그 위에 바르는 펌제나 염색약이
모발 속에 들어가는 속도를 늦춰서 과팽윤은 막아 주겠지만

근본적인 해결을 해주지는 못합니다.

지금은 케라틴 시대 ! 02

건강모는 케라틴 단백질 100이라고 가정하고
오늘 펌을 하러 고객이 오셨는데 신생모는 모발 속에 남아있는
케라틴이 100이고 기염모는 남아있는 케라틴이 20이라고 할게요

먼저 신생모에 연화를 보고 나중에 기염모에 약한 펌제로
연화를 보거나 크리닉을 하고 뒤에 연화를 보거나

어떻게 하든 컬을 만들기 위해서는 기염모에 펌제가 도포되어야 합니다
펌제를 도포하기 전에 생각해야 할 건

손상모는 모발속에 남아있는 케라틴이 20이라는 부분인데
내가 정말 연화를 잘 봐서 손상모는 20중에 10만 절단했다고 하면
남아있는 10을 가지고 탄력 있는 컬의 형태가 나올까요?

방법은 있어요. 낮은 온도로 시작해서 먼저 수분을 날려 보내고
높은 열을 주면 오늘은 컬이 만들 수 있어요

그렇다면 모발속에 케라틴은 10이 남아있는데
다음은 어떻게 하실 건가요?
이 부분을 명확하게 설명할 수 없다면 시술 방법을 바꾸세요

모발이 손상될수록 케라틴 단백(S-S) 결합이 감소하는데 줄어드는 만큼
시스틴 (S_S) 결합이 적다고 생각해주세요

펌제를 도포하면 S_S 결합이 절단되고 케라틴 단백질이 빠져나옵니다
케라틴을 먼저 확실하게 모발속에 보충하고 펌제를 바르면

웨이브의 탄력이 좋아지고 유지력이 길어집니다.

고객상담 01

고객님과 상담을 하다 보면 애매한 경우가 많죠

악성곱슬이고 매직을 하러 오셨는데
고객님은 10개월 전에 매직과 염색을 한 뒤로는

아무 시술도 하지 않았고 탈색은 한 적이 없다고 하는데

모발은 탈색을 한 것처럼 밝게 바래져 있고 건조하고
부분적으로 모발이 끊어진 상태입니다

약간의 차이는 있겠지만 고객님이 말하는
이전시술이력과 현재 모발 상태의 갭이
생각보다 크게 차이가 날 때가 많아요

1. 집에서 프레스를 하는지 한다고 하면
온도를 몇 도로 올려서 하는지를 꼭 물어보세요

곱슬기 있는 분들은 대부분 집에서 프레스를 하지만
온도가 180도로 하는 분들의 모발은

탈색을 한 것처럼 밝으면서 바래지는데
염색을 한 모발에 고온으로 프레스를 반복하면 높은 온도의 열로 인해서

기존에 염색이 된 모발은 바래지고 건조해져서 탈색모처럼
모발의 색과 머릿결이 변화합니다

이런 부분들을 고객님께 정확하게 인지시켜야
클레임을 예방할 수 있고 고객들이 전문가라고 인식을 해서

시술 후 만족도도 커집니다.

샴푸실에서 00

모발의 등전점은 pH 4.5~ 5.5란걸 누구나 알고 있는데
펌이나 염색을 하기 전에
모발의 등전점이 올라가거나 내려가 있으면
시술에 방해가 되는 부분은 어떤 것들이 있을까요?

화학적인 시술 전에 등전점을 먼저 맞추고 하면
시술이 어떻게 달라질까요?
먼저 알고 들어갈 부분은

1. 모발 속에 치오 성분이 잔류하면 물을 과하게 흡수하고

2. 시스테아민 성분이 모발 속에 잔류하면 물을 과하게 밀어낸다는
것부터 인지하고 샴푸실에서 모발에 물을 적시는 순간부터

모발 컨디션을 파악하기 위해서 집중하셔야 합니다

우리가 전처리를 하는 가장 큰 목적은 모발의 컨디션을
전체적으로 균일하게 만들어서
연화펌을 하는 고객은 균일한 연화가 될 수 있도록 하고

컬러를 하는 고객은
얼룩지지 않고 균일한 색이 나올 수 있게 하는 게
가장 큰 전처리 목적입니다.

아무 색각없이 본 시술에 크게 도움이 안 되는 크리닉 시술은
이제 그만하세요.

펌제나 염색제는 모발에 수분이 있으면 모발 속에 들어가는
속도가 천천히 진행되고
모발이 건조하면 속도가 빠르게 진행됩니다

시술 전에 등전점을 맞추는 이유는
무조건 4.5~5.5로 해야만 한다가 아니고
하나의 기준이라고 생각하고 전처리 샴푸부터 시작합니다.

샴푸실에서 01

고객님이 오시면 시술 상담을 먼저 하고
샴푸실에서 샴푸를 하게 되는데
이때 중요한 건
단순히 세정을 위한 샴푸를 하는 건 본 시술에 도움이 안 되죠

모발의 컨디션을 체크하는 샴푸를 하셔야 시술 시간이 줄어들어요

1. 어두운 염색을 하신 고객님은 알칼리샴푸를 먼저 해주세요

   물을 충분히 적시고 알칼리샴푸를 바르고
   골고루 마사지하듯이 해서 1~2분 정도 방치 후 헹궈 주세요

   샴푸를 하기 전보다 머릿결이 부드럽고 손이 잘 들어간다면

   톤다운컬러로 인해서 모발이 수축된 상태란걸
   파악하고 모발의 등전점을 올리는 시술을 해주세요

 2. 모발의 등전점을 올리는 시술 순서는
    알칼리샴푸 > pH가 8정도 되는 알칼리 트리트먼트를
    도포하고 5~10분 정도 방치하세요 (미스트를 하면 효과가 커진다)

3. 반대로 탈색 모발이나 밝은 염색을 한 고객님은
   산성샴푸를 먼저 해서 1~2분 방치하고 깨끗이 헹구고 모발 컨디션을 체크

   샴푸 전보다 머릿결이 부드럽고 손이 잘 들어간다면
   모발의 등전점을 내리는 시술을 해주세요

 4. 모발의 등전점을 낮추는 시술 순서는
    산성샴푸 > 산성 트리트먼트를 도포해서
    5~10분 방치 후 (미스트 하면 효과가 커진다) 깨끗하게 헹구세요

5. 샴푸실에서 고객의 모발에 물을 적시는 그 순간부터
다시 상담을 시작해야 합니다 달라지는 머릿결의 상태를 알리고
어떤 시술이 필요한지를 알리면서 가격책정을 새롭게 하셔야 해요.

샴푸실에서 02

마른 상태에서는 머릿결이 괜찮아 보였는데
샴푸실에서 물을 대는 순간
기분이 싸해지는 순간을 미용사라면 다들 느껴보셨죠~

아직 안 느껴 보신 분들은 상상해 보세요~

가장 컨디션을 예측하기 힘든 모발은
산성샴푸를 해도 알칼리샴푸를 해도 머릿결이 괜찮아 보이는
모발인데 어두운 톤다운컬러가 되어 있다면 의심을 해봐야 합니다

이런 모발은 물염색. 천연염색을 반복해서
큐티클에 겉자락만 코팅막이 겹겹이 씌워진 모발일 수도 있는데

모발 컨디션이 좋다고 판단하고 처음부터 강한 펌제로 연화를 시작하면

어느 순간에 갑자기 모발이 흐물거립니다

밝은 염색을 하게 되면 색이 잘 들어가지 않고 얼룩이 지기도 합니다

또 다른 케이스는
알칼리 샴푸를 해도 산성샴푸를 해도 눅눅한 느낌이 나는 모발인데

이런 결감이 나오는 모발은 녹은 머리일 가능성이 높아요

또 하나의 케이스는
알칼리 샴푸를 해도 산성샴푸를 해도 모발이 거친 모발인데
탄 머리일 가능성이 높아요

이렇게 샴푸실에서 샴푸만으로도 모발 컨디션을 체크하셔야
다음 시술의 레시피를 준비할 수 있습니다.

시술 주기가 가장 빠른 고객 시술은 ?

미용실에 가장 자주 방문하는 고객님은
어떤 시술을 주로 하는 분들일까요?

저희 미용실은 새치염색을 하시는 분들이 가장 방문주기가 빨라요

흔히들 새치염색이라고 하면은
연세가 있는 중년층 이상을 생각할 수 있지만 지금은 아니에요

지금은 20대 후반부터 새치가 자라는 분들이 많으신데
새치염색을 하는 나이대도 다양해지는 만큼
원하시는 컬러도 무조건 톤다운컬러를 하지 않고

본인에게 어울리는 컬러를 하고 싶어 하십니다

우리 미용실은 새치염색을 어둡게만 하는 고객들이 주를 이룬다면
컬러 매출을 일정한 선 이상을 올릴 수 없어요

왜냐하면 어둡게 새치염색을 하는 건
굳이 우리 미용실에 오지 않아도 집에서도 할 수 있고

가까운 염색방에서도 할 수 있어요

어둡게 새치염색을 하는 게 틀렸다고 하는 게 아니고
시술의 가치가 상대적으로 떨어진다는 걸 알려 드리고 싶어요

고객들은 지출에 있어서는 민감하게 계산을 한 뒤에 요금을 지불한다는 걸

항상 기억하고 다른 미용실에서 못하는 가치가 높은 시술을 하셔야
같은 시간을 근무하고도 매출을 더 올릴 수 있습니다.

새치염색을 잘하기 위해서는 !

1. 집에서 새치염색을 반복한 모발은 대부분 수축된 상태인데

   수축된 모발을 풀어 주지 않고
   염색을 하면 염색 후 모발이 건조하고 거칠어져요

   컬러 상담할때 새치염색을 집에서 반복해서 주기적으로 했다고 하면

   알칼리 샴푸를 도포하고 5~10분정도 미스트를 하면 더 효과적입니다

   수축된 모발은 pH가 산성 쪽으로 기울어져 있는데
   염색으로 수축된 모발을 알칼리샴푸로 풀어주고 타월드라이하고

   알칼리 트리트먼트를 도포 미스트를 10분 하고 헹구세요
   이렇게 알칼리샴푸와 알칼리 트리트먼트로 수축된 모발을 먼저 풀어주는
   시술을 디톡스라고 합니다

 2. 디톡스 후 염색을 할땐
    모발에 남아있는 수분을 완전히 건조하고 하는 게 색이 잘 들어갑니다

    수분을 남기고 염색을 하면 색이 부드럽게 나오고
    새치염색을 반복한 모발은 색이 겹쳐서 톤다운된 상태라서 모발에
    수분을 남기고 염색을 하면 색이 어두워져요

3. 색은 겹칠수록 탁해지고 새치염색을 반복한 모발은
 수축된 상태란걸 기억하지 않고 디톡스하지 않고 바로 새치염색을 바른다면

염색방에서 하는 새치염색과 다를 게 없죠
그렇다면 새치염색으로 객단가를 지금보다 올릴 수 없어요.

새치염색으로 매출 많이 올리는 다른 미용실은 다 이렇게 시술합니다.

새치염색을 하기 전에 !

새치염색을 하기 전에 계속 새치염색을 어둡게 반복해서
시술한 모발이라면
꼭 전처리를 하고 염색을 해야 모발이 윤기나고 거칠어지지 않는데

어둡게 하는 새치염색일수록 철 성분이 들어가 있어서 반복될수록
모발이 딱딱하게 경화가 됩니다

가장 간단한 방법은 염색을 하기전에 알칼리샴푸를 먼저하고
산성샴푸에 액상으로 된 치오펌제를 3% 미만으로 믹스해서
모발에 골고루 충분히 도포한 다음 2~3분 방치를 하고

모발을 만져 보세요
머릿결이 부드럽게 풀린 결감이 느껴지면 깨끗이 헹구고
약간 엉키는 결감이 느껴진다면 시간을 더 방치하거나 미스트를 5분 정도
하시면 효과가 좋아요
트리트먼트를 하고 싶다면 실리콘 성분이
적은 거로 하시는 게 결이 좋습니다

새치염색을 6%로 보통 하시는데 염색을 다 하고 나서
바로 샴푸를 하는 것보다는

3% 산화제를 한번 염색이 되어있는 모발에 도포하고 3분 정도 방치하면
염색 후 훨씬 머릿결이 윤기나고 건조해지지 않아요

이유는 염색은 발색과 착색의 과정을 거치면서 모발 속에 자리를 잡으면서
색이 만들어지는데 새치염색은 어두울수록
모발을 경화시킨다고 말씀드렸는데

3%를 마지막에 해서 3분 정도 마사지하시면 염색 시술 동안 부족해진
수분을 채워주고 색도 더 골고루 흡착이 잘되어서

머릿결도 더 좋아지고 컬러의 색감도 훨씬 더 선명해져요.

등전점 시술이 중요한 이유는

우리가 모발의 등전점이 뭐냐고 물어본다면
대개는 PH 4.5에서 5.5 사이가 등전점의 수치라고 대답하죠
맞아요~ 그런데 우리는 등전점 시술을 생각할 때
많은 미용인들이 펌.염색후 알칼리로 치우친 모발을

버퍼나 pH 밸런스 같은 산성으로 시술 후 안정화시키는
시술이라고 생각하시는 분들이 많으신데

전처리로 등전점을 맞추는 중요성은 의외로 많이 생각을 안 하셔서
전처리로 등전점 시술이 왜 필요한지 적어 보겠습니다

먼저 염색 시술에서 고객님이 어두운 염색을 한 적이 없다고 하는데도
같은 염모제와 산화제로 전체적으로 염색을 했는데
끝이 어둡게 색이 나온 적이 없으신가요?

반대로 같은 염모제와 산화제로 전체적으로 염색을 했는데
모발 끝이 생각보다 색이 안 들어가고 밝게 나온 적은 없었나요?

같은 염모제와 산화제로 모발 전체를 염색했는데
모발 끝이 어둡게 나왔다면 (어두운 염색 이력이 없는데)

시스테아민이 모발 끝에 잔류하고 있으면 이런 현상이 일어납니다

반대로 모발 끝이 색이 잘 먹지 않으면서 밝아지는 현상은
모발 끝에 알칼리가 잔류하기 때문입니다

염색을 하고 나서 모발 끝이
어둡게 되거나 밝게 되는 현상과 등전점이 무슨 상관이 있을까요?

시술전 모발에 등전점을 맞춰야 하는 이유를 지금부터 알려드릴게요.

등전점 시술을 하는 이유 01

고객님이 염색을 하시겠다고 예약을 하면 일반적으로
샴푸를 하지 말고 오시라고 하죠

저희 미용실도 염색 고객님은 당일에 샴푸 하지 말고 오시라고 하는데
집에서 샴푸를 하면 두피에 자극을 줄 수 있고
그런 상태에서 염색을 하면 두피가 따가울 수 있으니까요

지금은 고객님이 샴푸를 하고 오시거나 안하고 오시거나 상관없이
전처리로 일단 샴푸를 해서 모발진단을 하는데

1. 알칼리샴푸를 먼저 합니다
알칼리샴푸를 했는데 모발이 엉킨다면
모발 속에 특히 끝 쪽 부분에 치오가 잔류하는 상태라고 진단하세요

모발 끝에 치오가 잔류하면 염색하면 끝이 밝아진다고 말씀드렸죠 ?
반대로 알칼리 샴푸 했는데 머릿결이 부드럽다면
산성샴푸로 다시 한번 해 보세요

알칼리샴푸는 부드러웠는데 산성샴푸는 엉킨다면
반대로 시스테아민이 모발에 잔류하고 있다고 보시면 됩니다

샴푸 하실 때 좀 더 주의깊게 체크할 부분은
단순히 알칼리샴푸 하니까 부드럽다.엉킨다
산성샴푸 하니까 부드럽다.엉킨다가 아니고

모발 전체 길이 중에서 어느 위치부터 엉키기 시작하는지
또한 심하게 엉키는지 어떤지 엉키는 강도도 주의를 기울여서
체크를 하셔야 거기에 맞는 등전점 전처리를 하실 수 있습니다

지금은 그런 일이 많이 없는데 예전에는 직원이 많은 미용실에서
스텝분들이 샴푸하고 트리트먼트를 기본으로 하고 난 뒤에
원장님이 시술상담을 해서 모발 진단을 잘 못하는 분들이 많았어요.

등전점 시술을 하는 이유 02

반대로 시스테아민이 모발 끝으로 잔류하면 치오가 잔류하는
것과 반대로 어둡게 됩니다

모발 끝으로 갈수록 컬러가 어둡게 된다면 시스테아민이 잔류하고
모발 끝으로 내려갈수록 컬러가 밝게 된다면 치오가 잔류한다고
모발 진단을 해주세요

시스테아민이 잔류하는 모발들은 대개 직펌이나 롯드펌을
이전에 한 케이스가 많고

치오가 잔류하는 모발들은 매직이나 탈색 시술을 한 케이스가 많아요

또 한 가지 컬러를 하면 부분적으로 얼룩이 지는 모발들이 있는데
그 부분은 치오나 시스테아민이 잔류해서 이런 현상이 일어날 수 있어요

연화펌에서도 등전점을 맞추고 가야 하는 이유가
염색과 비슷한데

모발 끝으로 갈수록 레벨업이 안 되면 시스테아민이 잔류한다고
말씀드렸는데
연화를 해도 시스테아민이 잔류하는 모발은

알칼리에 반응을 잘 하지 않아서 미연화될 가능성이 큽니다
반대로 치오가 잔류하는 모발에 연화를 하면
과연화가 될 가능성이 높아요

그래서 염색을 하기 전에 샴푸로 모발 진단을 정확하게 할수 있다면
컬러뿐 아니라 연화를 할때에도 과연화와 미연화를
예방할 수 있습니다.

시술 전에 상담은 고객에게 신뢰를 주지만
시술 후에 말하면 변명으로 들려요.

연화를 보는 방법은 ?

여러 가지가 있지만 이렇게 하는 게 최선이라고 하기 보다는
미용실마다 교육받은 기법들이 다르고 환경이 달라서
무조건 이렇게 해야 한다고 강요하는 건 무리가 있어요

지금부터는 저희 미용실에서 연화펌을 하신 고객님의 시술 일지를 가지고
연화펌을 어떻게 하면 더 좋은 결과가 나올지를 알아볼까요?

1. 이 고객님은 가늘고 약한데 숱이 적은 곱슬입니다
볼륨매직을 하면 머릿결이 건조하고 끝은 부스스하고
볼륨이 살지 않아서 오셨어요

2. 이런 형태의 머리결은 샴푸를 해서 모발진단을 하고 연화를 볼 때
주의하실 부분은 처음부터 강한 크림타입의 연화펌제를 사용하시면
과연화가 돼서 시술후 모발이 건조하고 볼륨이 잘 살아나지 않아요

처음엔 강도가 약한 약부터 시작하고 미스트로 수분을 공급하면서
연화 시간을 늘려야 합니다.

3. 사진처럼 롯드를 감아서 컬 테스트를 보는데 모질이 강한 부분과
약한 부분을 나눠서 감고 컬 테스트를 해주세요.

가늘고 약한 모질은 뿌리 볼륨을 먼저 살리세요 !

가늘고 약한 모발에 볼륨을 살리기 위해서는
아이롱이 필수인데 처음부터 아이롱을 하는 건 하시는 분이 아니면
시술 사고가 날 확률이 높아요

그렇다고 언제까지나 아이롱을 멀리해서는 매출상승이 어려워서
가장 쉽고 안전한 방법을 알려드릴게요

1. 연화 후 볼륨을 살릴 부분은 50% 정도 건조하세요
2. 뿌리 볼륨을 살릴 때는 아이롱을 14.16 미리가 볼륨이 잘 살아요
3. 18.20미리 아이롱을 먼저 온도를 100도로 설정하고
4. 90도 이상 각도를 들어서 먼저 한 번만 해주세요
5. 그다음 14.16미리로 뿌리 볼륨을 살리세요

뿌리 볼륨 살리는 영상은 인스타에 엄청나게 많아서 참고하시면 되는데
이렇게 18.20미리 아이롱으로 온도를 100도로 해서 전처리 아이롱을
하셔야 두피 쪽으로 수분이 내려가서 두피가 뜨거워지는 걸 예방합니다.

단발머리에 볼륨매직~!

단발머리를 하시는 고객님은 늘 많으시고 단발 스타일을 왜 좋아하냐고
물어보면 어려 보여서 좋아하신다고 하시는 분들이 많으신데

단발에 볼륨이 꺼지면 한국인의 두상과 얼굴형이 커 보이게 됩니다
이 고객님처럼 단발에 매직을 하면서 볼륨을 살리면서
모발 끝을 자연스럽게 안으로 들어가게 해달라는 고객님이 많으세요

연화하고 뿌리 볼륨을 살리는 건 앞에 고객님 시술과 동일하게 하시고
끝부분이 일자가 아닌 자연스럽게 인컬이 되려면 아이롱이 필요합니다

1. 뿌리 볼륨을 먼저 살린다
2. 끝 한 바퀴를 아이롱. 18.20미리 온도는 100도로 먼저 한 바퀴 와인딩
3. 18.20 미리 아이롱. 온도는 130~150으로 한바퀴 와인딩한다
4.와인딩 각도는 45도 이하로 하고 반 바퀴 돌려서 뜸들이고
   다시 반 바퀴 와인딩
5. 뜸은 10초 정도로 한다. 한 바퀴 와인딩후 뜸들이고 아이롱 빼줄 때는
   여러 번 제자리서 돌리면서 빠져 나온다
6. 뿌리와 끝을 아이롱하고 전체적으로 매직프레스를 한다

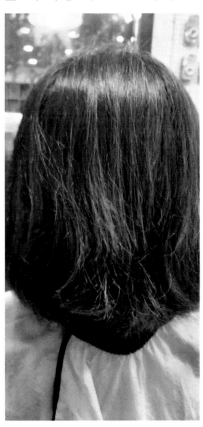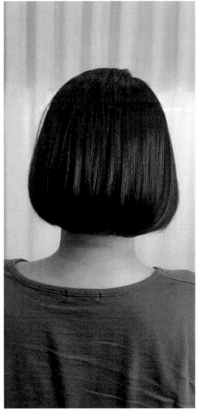

연화를 보는 방법은

펌이나 매직을 하기 위해 연화를 보는 방법은 다양하고
어떤 것이 정답이라고 할 수는 없지만

제가 해본 방법 중에서 가장 안전하고 계산이 서는 방법은
롯드 연화인데요
내가 원하는 연화펌의 컬이 20호라고 하면은
처음에 연화를 하기위해 펌제를 도포하고 20호에 해당하는
일반 롯드펌을 전체적으로 와인딩

예를 들어서 일반 롯드 3호를 전체 와인딩하고 대신 섹션 폭은
셋팅펌 와인딩을 사이드 3개 뒤에 5개 한다면 그만큼의 롯드 개수를
넣고 연화 10~15분 후 풀어 보시면

어느 부분은 컬이 약하게 나오고 어느 부분은 원하는 만큼 나옵니다
컬이 약한 부위는 약제의 파워를 올리고
컬이 강하게 나온 부분은 약제의 파워를 낮추는 방법인데

글로 쓰면 복잡하게 생각되겠지만 실제로 해보면 어렵지 않고
미스트를 씌울 때도 롯드로 전체를 와인딩했기 때문에

머리카락이 밑으로 빠지지 않아 균일한 연화를 보는데
훨씬 도움이 됩니다

이렇게 전체를 와인딩하는걸 형태 기억 연화라고도 하는데
연화펌이 일정하게 나오지 않거나

미연화. 과연화가 될까 봐 걱정되는 분들은 한번 해보세요~

이렇게 전체를 와인딩하는 형태 기억 연화법의 또 하나의 장점은
뿌리 볼륨이 잘 살아나고
연화펌을 한고 나서 건조를 해보면 컬의 형태가 잘 나옵니다.

연화의 중요한 포인트!!
열펌에서 연화가 차지하는 비중은 높아요

펌에서 연화가 차지하는 비중이 90%라고 할 정도니까요

연화할 때 가장 많이 고민하는 게
이 머릿결에는 어떤 펌제를 사용할까인데요
사실은 약제 선정보다 더 중요한 부분이 있는데 이건
상대적으로 덜 생각하시는데

바로 펌제를 어떻게 도포할까 하는 부분인데 같은 펌제를 사용해도
결과가 크게 달라지는 경우가 많은데요

도포량을 어디에 얼마만큼 할 것인가. 펌제 비율을
어떻게 시작해서 어떻게 마무리할것인가라는 부분이
어떻게 보면 펌제 선정보다 더 중요할 수 있습니다
또 한 가지는 모발은 수분이 마르면
반응이 약해지고 손상이 커진다는걸 잊지 마세요

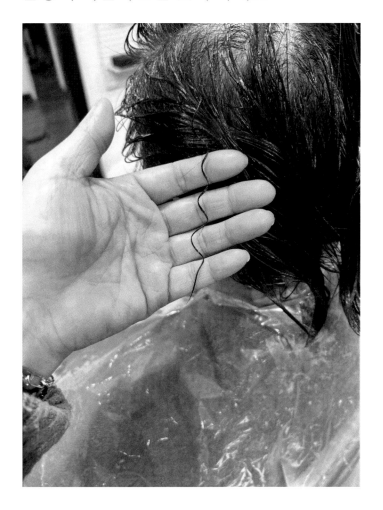

염색을 하면 모발이 달라지나요?

1. 톤다운시키는 새치염색에는 철성분이 많아서 모발을 딱딱하게 만들고
2. 가늘고 약한 모발에 헤나를 반복하면 모발의 겉면만
   코팅시켜 단단해 보이는데
 3. 한가지 알아야할건 염색이 제대로 안되는 모발은 펌도 잘 나오질 않아요
염색을 하면 모발이 달라진것처럼 보여요

염색을 도포하고 방치하는 중에 모발이 건조해진다고 물을 분무하는 미용실을
봤는데 이렇게 하면 컬러가 얼룩이 집니다

염색을 하고 모발을 바로 물을 적시면 모발에 있는 알칼리 성분이
수분을 빨아 당겨서 머리카락이 건조하고 가늘어집니다

컬러를 할때 잘 아시겠지만 똑같은 염색약을 도포해도
모발의 명도에 따라 전혀 다른 색으로 나옵니다.

연화펌을 와인딩할때 ~!

연화를 잘 보고 와인딩에서 디자인을 잘못하면 속상하잖아요 ~~
연화를 보고 와인딩 하기 전에 열보호제를 바르는데
5분정도는 방치를 하고 와인딩을 해야 보호막이 생깁니다

와인딩을 할 때는 네이프와 귀밑머리가 컬이 늘어진다는걸 기억하고
1.네이프는 가로 와인딩을 하는 게 컬이 안정적으로 받쳐 줍니다
2. 귀 위는 두상이 가장 넓어지는 부분입니다
와인딩의 형태를 세로에 가까운 사선으로 하면 두상이 작아 보여요
3. 오버존은 섹션 폭을 좁게 하고 각도는 90도 이상 들어서 하세요
오버존에 섹션 폭을 넓게 하면 컬이 퍼져서 두상이 튀어나와 보여요

4. 사이드는 두상이 앞쪽으로 기울어져 있는 형태라서
약간 앞으로 기울어지는 각도로 와인딩하세요
아무 생각 없이 뒤쪽으로 와인딩하면 얼굴을 감싸는 사이드페이스 라인의
컬이 디자인 한 것보다 늘어질 수 있어요.

형태 중화도 있어요~

형태를 기억하는 연화 기법을 해보셨다면 연화하고 셋팅펌을 한 뒤에
중화를 할 때에도
형태 기억 중화법도 한번 해보세요

형태 기억 중화법은 연화할 때와 방법은 동일한데요
원하는 사이즈의 롯드로 셋팅펌을 한 모발에 섹션 하나에 하나씩 와인딩하고
중화를 하는데

장점은 중화제가 흘러내리지 않고 뿌리 볼륨이
중화제로 인해서 처지는 부분을 해결해 줍니다
힘들게 뿌리 볼륨 살렸는데 중화제 하면서 처지면 열받습니다~

연화펌이 잘되면 롯드를 감거나 핀셋처리하지 않고
바로 중화해도 상관없다는 분도 계시는데 그 말씀도 맞습니다

단 롯드를 감아서 하면 조금이라도 더 효과를 보는 것도
분명한 사실이란 것도 잊지 마세요.

연화펌이 윤기가 나기 위해서는 !

연화를 하고 매직셋팅을 했는데
모발을 말릴수록 윤기가 사라지면서 부스스한 느낌이 난다면

1. 미연화
미연화는 컬의 탄력이 없고 수분을 날릴수록 컬이 처지는
현상이 나타납니다

2. 과연화
과연화는 미연화와 반대로 수분을 날려 보내면 컬은 나오는데
전체적인 머릿결이 윤기가 없고 부스스해져요

3. 중화
중화를 할때 긴 머리일수록 주의해야 할 부분은
모발이 중화제에 잠기지 않도록 하셔야 합니다.

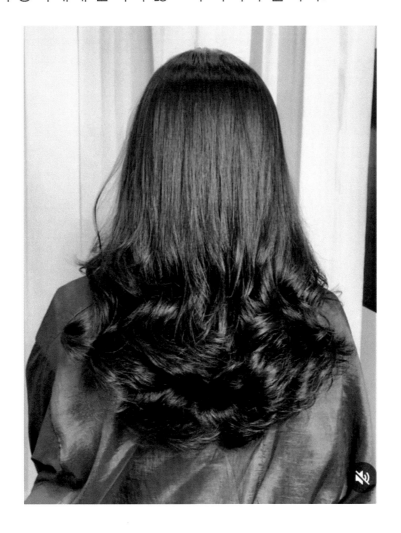

볼륨을 살리는 셋팅펌은 ~!

볼륨감 있는 셋팅펌을 하기 위해서는 커트의 형태와 와인딩 디자인을
같이 생각해 보셔야 하는데

커트의 형태는 레이어드로 하시겠지만
연화셋팅을 할 때의 커트 형태는 일반적인 레이어드와는
형태가 달라야 합니다

연화셋팅을 할때의 레이어드는 👂 귀를 중심으로 👂 아래는
45도 각도로 무겁게 층을 내고 👂 귀 윗부분은 아래와 층을
연결시키지 말고 약간의 디스커넥션으로 90도로 커트하세요

그렇게 해야 펌후 밑부분이 너무 가볍지 않고
윗부분에 볼륨감이 형성됩니다.
지나치게 정직하게 층을 연결시키면 올드한 레이어가 된답니다.

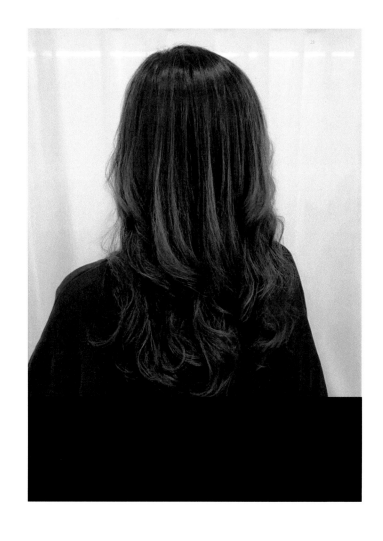

볼륨을 살리는 레이어드 셋팅펌!

레이어드 커트를 그렇게 했다면
이젠 와인딩 디자인을 한번 알아볼까요?

오버존은 와인딩 할때 롯드를 큰걸로 하고 롯드를 풀고 나서
프레스로 끝을 한 바퀴 반 정도만 남기고 볼륨을 살리면서
풀어주는게 훨씬 볼륨감이 좋고 세련되어 보여요

오버존을 작은 롯드로 뿌리 가까이 와인딩하면 오버존의 길이가
짧아 보이고 컬이 올라가서 너무 나이가 들어 보여요

오버존에 층을 많이 주는 레이어드 커트기법보다는
사이드부터 앞쪽으로 당기는 레이어드 커트 기법이
연화펌에 잘 맞는 커트 기법입니다

위쪽으로 단차를 많이 내지 말고 사이드가 층이 많고 뒤로 갈수록
단차가 길어지는 레이어드 커트를 하고 연화.셋팅펌을 하세요.

곱슬머리에 매직셋팅 ~!

곱슬머리에 연화펌을 하시는 고객님은 컬도 원하시고
곱슬도 깨끗이 펴는 걸 원하십니다

매직셋팅을 하시는 고객님들이 대부분 곱슬머리가 많으십니다
연화를 할 때 조심하셔야 할 부분은 펌제를 바를 때
두피 쪽으로 약이 흘러내리지 않게 탑부분은 롤을 받쳐 주세요

그렇게 하고 있겠지만 펌제를 바를 때 두피에서 1cm를 꼭 띄우고
도포하셔야 합니다
모근부터 곱슬이라고 두피에서 띄우지 않고 펌제를 바르면
두피에 펌제가 흘러내려서 모근이 꺾여서 시술 클레임이 걸려요

곱슬은 약으로 최대한 깨끗이 풀어야 하니까 재도포할 때는
먼저 도포한 약을 빗질로 거둬내서 곱슬이 얼마만큼 펴져 있는지를

확인하고 모발 컨디션에 맞는 강도의 펌제를 제조 도포하세요.

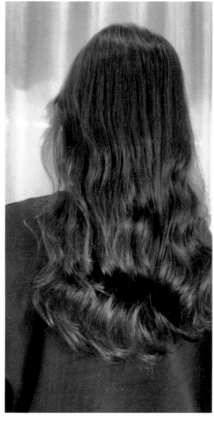

탈색모발에 연화펌 01

이 고객님처럼 모질이 가늘고 약한데 탈색을 한 모발에
매끈한 머릿결과 굵고 탈색 모발에 컬을 만들기 위해서는

먼저 연화를 잘 보셔야 합니다
펌제의 종류는 크게 나누면 3가지인데
치오. 시스테인. 시스테아민으로 나눌 수 있고 연화펌을 할 땐
주로 사용하는 펌제가 치오와 시스테아민이고

펌제의 타입도 3가지로 나눌 수 있는데
크림타입. 젤 타입. 액상타입으로 나누어져요

 이 고객님처럼 가늘고 약한데 탈색까지 한 모발은
연화를 할때는 한가지 타입만 사용하지 말고 믹스해서 하는 걸 추천합니다

크림 타입과 액상 타입을 기본 베이스로 해서 1:1비율부터
시작해 보세요 크림타입은 발림성은 좋지만 침투력은 약하고
액상타입은 침투력은 좋은데 흘러내리는 단점이 있어요

2. 크림타입과 액상타입을 1:1로 믹스할때 많이 실수하는 부분이 비율인데
액상을 크림보다 눈으로 볼 때 2배 더 넣는게 1:1입니다.

탈색모발에 연화펌 02

비율은 같아도 실제로는 액상타입보다 크림타입의 양이
2배가 더 많아서 생각보다 펌제의 강도가 훨씬 강해집니다
이 부분은 꼭 기억하시고 전자저울 하지 말고 눈 저울로 하시고
눈으로 볼 때 액상이 두배 로 더 들어간 게 1:1입니다

가늘고 약한 모발. 탈색모발은
펌제를 도포할 때부터 수분을 공급하고 펌제를 너무 많이 도포하지 마세요
처음부터 펌제의 도포를 두껍게 하면 과연화가 될 확률이 높아요

특히 탈색 모발은 모발의 등전점이 높이 올라간 상태란걸
기억하시고 연화가 80~90% 정도 진행되었다고 판단되면
펌제를 살짝 거둬내고
산성타입의 시스테아민을 발라서 전체적으로 흡수시키고 연화를 끝내는데
산성 시스테아민을 도포해서 맛사지해서 윤기가
이렇게 올라오면 연화가 끝나요

연화의 마지막은 산성타입의 시스테아민이란걸 잊지 마세요.

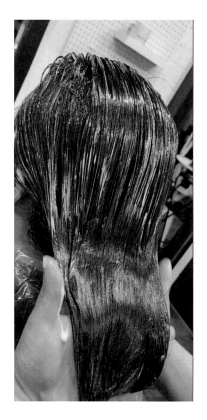

볼륨매직을 반복한 롱헤어 ~!

머리 길이가 길면 길수록 곱슬이 심하면 심할수록
매직 시술을 한 횟수가 증가하고 머리끝으로 내려올수록
데미지가 누적이 되어 있습니다

이런 고객님이 매직을 하게 되면 머리끝을 일자로 펴주면
끝부분은 부스스하고 거친 느낌이 나고 손질도 어려워요

이런 모질일수록 끝부분은 아이롱으로 해주시면
고객 만족도가 높았어요
시술 순서는 단발에 하는 볼륨 매직과 동일한데

한가지 주의해야 할 부분은 머리가 길수록 손상도가 높아져서
프레스 하기 전에 열보호제를 바르고 하는데

아이롱을 할 부분에 열보호제를 많이 바르면 아이롱 회전이
매끄럽게 안 되고 걸리는 느낌이 나면서 자국이 생길 수 있어요

아이롱이 회전하다 걸려서 멈추면 꺾이는 현상이 생기니
조심하세요.

악성곱슬에 매직시술 !

악성곱슬일수록 최대한 펌제로 곱슬을 펴줘야 합니다
펌제로 곱슬이 덜 펴진 모발을 프레스의 온도를 높이고 텐션을 과하게 해서
하면 시술한 당일은 잘 펴진 것 같아도 시간이 조금만 지나가도
곱슬이 빨리 올라오고 머릿결이 건조하고 거칠어져요

악성곱슬 연화보는 법
1. 곱슬이 자란 부분에 강모펌제를 먼저 도포한다.
   알칼리수를 10~20% 믹스하면 펌제 침투율이 올라갑니다
2. 미스트 10~15분하고 산성수로 먼저 헹구고 알칼리샴푸한다
3. 건조하고 매직프레스한다
4.재도포한다

이런 순서로 연화를 봅니다 펌제를 도포하기 전 먼저 매직프레스를 하면
머릿결이 많이 건조해지고
한번 연화를 보고 건조해서 프레스하고 다시 연화를 시작하면
악성곱슬이 훨씬 잘 펴지고 유지력이 길어요.

악성곱슬매직 연화는 이 방법을 해보시고 연화 볼 때 모발이
건조하지 않게 하세요.

연화펌과 염색 같이 되나요?

연화셋팅을 하시러 오시는 고객님 중에서
많은 분들이 염색이 같이 되는지 상담하시는데

1. 뿌리 염색은 같이 하셔도 됩니다
뿌염도 새치염색과 톤업을 하는 컬러로 나눠 지는데요

2. 새치염색은 펌시술이 다 끝나고 하시면 되는데 주의하실 부분은
산화제는 3%로 하시는게 머릿결이 좋고 새치염색도 잘 먹어요
연화를 해서 큐티클이 열린 상태라서
3% 만으로도 충분히 새치커버됩니다

3. 톤업 염색은 연화 전에 하세요
톤업은 말 그대로 지금 모발 밝기보다 더 밝게 하는 시술인데
연화전에 하면 연화가 더 잘되겠죠. 곱슬도 더 잘 펴집니다

한가지 조심할 건 톤업을 먼저 하면 펌제를 처음엔 약하게 시작하세요.

34

컬테스트는 어떻게 하나요?

연화를 보고 와인딩을 해서 열처리를 했는데
셋팅펌 기계를 비하면 디지털 펌기계는 온도가 낮고
열처리가 끝나고 잔열도 오래가지 않는 것도 사실인데요

교육을 해보면 의외로 많은 미용인들이
뜸을 잘 못 보시는 분들이 많으신데

쉽게 정확하게 보는 방법을 알아볼까요?
1. 롯드가 뜨거울 때는 테스트를 보지 마세요
방금 열처리가 끝나서 롯드가 뜨거울 땐 어느 정도 뜸이 들었는지
테스트하기가 어려워요

2. 어느 정도 열이 식으면 롯드에 감긴 모발을 문질러 보세요 윤기가 나고
수분이 느껴지면 열을 더 줘야 합니다. 열을 더 주고 열이 식은뒤에
다시 한번 문질러 보고 수분이 없으면 덮개를 빼고 열이 식으면 중화하세요.

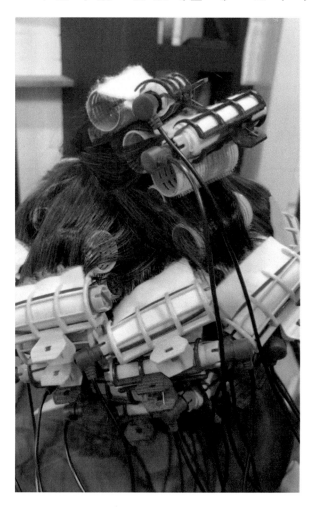

가늘고 숱이 적은 모발은 레이어드 c컬 !

숱이 적고 약한 모발일수록 볼륨있는 스타일을 선호하십니다
전체적으로 풍성한 볼륨을 살리기 위해서는 레이어드로 커트하고
볼륨을 살리면서 끝에 c컬을 넣는 디자인이
가장 손질이 편하답니다

숱이 적고 약한 모발이라고 전체적으로 컬을 넣게 되면 손질이 더 어렵고
윤기가 떨어져요

가늘고 약한 모발일수록 연회를 볼 때 시간을 충분히 두고 서서히 보고
디지털 펌을 한다면 낮은 온도부터 시작해서 수분을 날리고
온도를 올리는 게 탄력 있는 컬이 나오고 롯드는 큰 걸로 하세요

아이롱펌을 한다면 18.20미리로 한 바퀴 반을 해야 c컬이 나옵니다
가늘고 약하다고 컬이 안 나올까 봐 작은 롯드나 아이롱을 하면
지저분하고 부스스한 컬이 나온답니다.

커트 형태는 레이어드가 가장 전체적으로 볼륨감이 좋아요.

매직기의 종류와 각도 !

매직시술을 할때
매직기의 사이즈만 다른 게 아니라 재질도 다른데
크게 나누면 티타늄 열판과 세라믹 열판으로 된 매직기로 구분됩니다

티타늄은 거울처럼 반짝이는 재질이라고 보시면 되는데
곱슬이 강하고 거친 머리결은 티타늄 재질이 잘 펴지고
모질이 약하면서 부스스한 모질은 세라믹 재질이 잘 펴지는데

예외적인 머리결도 많아서 프레스를 시작할 때
두 가지 재질의 매직기를 준비해서 한 판넬씩 당겨 보고
잘 되는 재질로 하면 매직 시술할때 시간도 단축되고 효과도 커집니다

특히 머릿결이 약하고 손상도가 높은 사이드는
꼭 양쪽 재질의 매직기를 한판넬씩 프레스 해보고 시작하세요
기본적으로는 티타늄 재질이 같은 온도라도 열량이 높아요.

매직기의 재질과 각도 !

그럼 이번에는 매직 시술을 할 때
각도를 어떻게 하는 게 더 효과적일지를 알아볼까요?

1. 탑 부분을 제외하고는 두피와 수평 각도로 프레스한다
섹션의 각도를 낮추거나 들게 되면은
전체적으로 일정하게 텐션을 줄 수가 없게 되고
그렇게 되면 같은 텐션으로 뜸을 줄 수가 없어요

각도가 일정하게 하지 않고 매직시술을 하고 나면
 결과물이 일정하지 않아 퀄리티가 떨어져요

2. 탑 부분은
최대한 각도를 들어 올리세요
두상의 뒤쪽에서는 얼굴 쪽으로 각도를 들어주고
양 옆에서는 센터 쪽으로 각도를 들어 줍니다

이렇게 각도를 부위별로 정확하게 시술하면
전체적으로 볼륨이 살아나면서 두상이 예뻐집니다.

고객 시술 숫자만 늘어난다면 ~?

매출은 비슷한데 고객 시술 숫자만 늘어나면 병원비만 많이 들어요~
그래서 금액을 더 받을 수 있는 시술 메뉴가 필요하고
고객이 내는 돈보다 가치가 더 커야 합니다

다른 데서 못하는 걸 하면 가치는 더 올라가고
가치가 있는 걸 대중적으로 풀어낼 수 있다면
어려운걸 쉽게 풀어낼수 있다면
가치는 더 커지지 않을까요?
커트만 하는 고객보다는 커트와 펌을 하는 고객님의 시술 객단가가 높고
펌과 컬러를 둘 다 하시는 고객님은 더 객단가가 높겠죠~

그러기 위해서는 먼저 고객님의 머릿결을 손상시키는
시술을 하지 않아야 하는데

그러면 커트만 해야 할까요? 그런 뜻이 아니라 화학 시술인
펌과 컬러를 최대한 머릿결이 건강하게 시술을 해야 합니다

건강한 머릿결을 만드는 시술은 미용실뿐만 아니라
고객분들도 가장 원하는 부분 아닐까요?

복구전문점에서는 염색과 연화펌을 어떻게 하는지
읽어보시고 우리 미용실에 맞는 레시피로 다시 만들어 보세요~

50대이후의 고객님의 셋팅펌은 이렇게 해 보세요 !

50대 이후의 고객님도 셋팅펌을 많이 하시는데
대체적으로 좀 더 강한 컬과 볼륨을 원하십니다

그렇다고 해서 무조건 컬을 강하게만 해드리면 이런 크레임이 걸려요
컬은 많은데 머릿결이 부스스해져요
잘 아시겠지만, 연화펌은 수분을 완전히 건조를 해야
컬의 탄력이 제대로 표현이 됩니다

전체적으로 컬을 많이 하면 손질이 힘들고
부피가 커져서 나이가 더 들어 보여요

이 고객님처럼 사이드에 층을 많이 내고 컬을 강하게 하고
뒤는 층을 줄이고 컬의 강도를 줄여주면 손질도 편하고 만족도가 커져요
50대 이후의 고객님은 생기있어 보이는 걸 좋아하시는데
이런 디자인으로 컬을 해드리면 손질 편하고 머릿결이 윤기납니다.

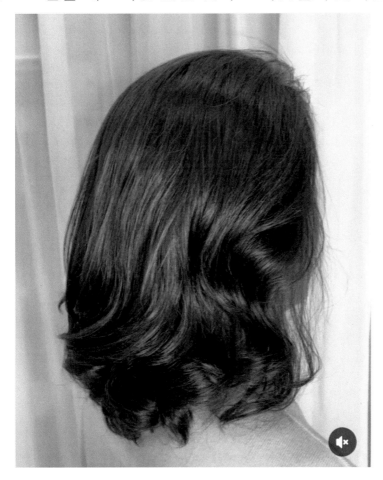

탈색없이 컬러체인지 01

컬러체인지를 하기 전에 체크를 꼭 해야할건
고객님이 컬러체인지를 한 뒤에
펌을 할건인가? 안 할 것인가입니다

아무리 좋은 제품이 근래에 많이 나오고
미용기구와 기술이 좋아졌지만은
탈색한 모발과 탈색을 하지 않은 모발의
탄력도는 다르고 컬의 질감도 달라집니다

컬러체인지를 하시는 고객님들은
1. 파스텔 컬러를 원하시거나
2. 새치염색을 주기적으로 반복해서 어두운
모발색을 밝게 하시려고 하거나

크게 나누면 이 둘중에 하나인데
2번째에 해당하는 새치염색을 하시는
고객님들은 대부분 펌을 같이 하시는데

펌을 주기적으로 하시는 고객님들은
사전 상담에서 탈색 없이 컬러체인지를
히시는걸 추천드리고 설명해 드립니다.

41

컬러체인지 01

새치염색을 반복해서 어둡게 된 고객님들은
밝은색으로 컬러체인지를 하고싶은 하시고
붉은 기없는 색으로 하시고 싶어 하는데

붉은 기를 모발에서 없애기 위해서는
탈색을 2~3회는 해야 가능한데
좋은 단백질을 보충하고 모발의 등전점을
맞추는 pH조절을 같이 해도
당일은 머릿결이 좋겠지만
시간이 지날수록 모발이 건조해져요

특히 이렇게 탈색 횟수가 많은 모발에
펌을 하게 되면 컬의 탄력이 부족한 게
현실입니다

딥클렌징샴푸로 충분히 시간을 두고
샴푸 후 먼저 탈염을 하는데
플렉스 제품을 10~20% 믹스하세요
플렉스 제품들도 효과 차이가 큰데
잘 살펴보시고 사용하세요~

탈염제도 크게 나누면 두 가지가 있는데
1. 신생모는 레벨을 건드리지않고
기염모의 염색색소만 빼는게 있고
2.신생모도 어느 정도 레벨을 올리면서
기염모의 염색 색소를 빼주는 제품이 있어요

상황에 따라 사용하시겠지만
저는 신생모도 어느 정도 레벨을 올리는
탈염제를 사용하고 있는데

다음 시술을 할 때 시간을 단축시킬수 있어요 .

컬러체인지 02

탈염을 할땐 모발 끝으로 내려올수록
탈염제를 두껍게 도포해야 합니다
밑으로 내려올수록 새치염색을 한 횟수가
많아 색이 겹쳐있어 잘 빠지지 않아요

1. 약을 다 바르고 나면 기본적으로는
비닐캡을 써서 공기를 차단해주는 게 효과적입니다
미스트를 씌우는 미용실도 많은데

주의하실 점은 바가지 형태로 만들어진
미스트는 두상의 윗부분에만 씌워져서
색이 잘 빠져야 할 끝부분의 색이
잘 안 빠지는 경우가 많으니 주의하세요~

2. 방치 시간이 30~40분이 지나도
 끝 쪽의 색이 잘 안 빠진다면은
그대로 방치하지 말고 탈염제를 거둬내고
끝 쪽 위주로 탈염제를 한 번 더 도포하세요

처음에 산화제를 6%를 사용했다면은
두 번째는 3%를 믹스하고 플렉스는
처음과 같은 비율로 넣어 주고 수분이 마르지 않게 해주세요

색이 잘 안 빠진다고 건열 기구로 하는
미용실을 본 적이 있는데 수분이 부족하면
모발 손상이 심해진다는 걸 항상 기억하세요~

탈염을 다 하고 나서 바로 샴푸실로 가지 말고 약제를 부드럽게 거둬내고

6% 산화제를 공병에 담아서 펌제 바르듯이 도포하고 흡수시켜서
5분을 자연 방치

모발 컬러가 얼룩이 있으면 탈염할때 산화제를 3%로 시작하세요.

컬러체인지 03

1. 탈염제를 부드럽게 거둬내고
6% 산화제를 공병에 담아서 도포해서

5분을 방치하면 모발 속에 남아있는 잔여 색소가 더 잘 깨져서
좀 더 탈염의 효과가 커집니다

2. 샴푸실로 가서 바로 모발이 물에 닿으면 모발이 급속도로 건조해집니다
버퍼타입의 pH조절제로 먼저 3~5분
모발 전체적으로 마사지하고 산성수로 헹구고 산성샴푸를 하세요

3. 산성수를 만드실 때는 샴푸 도기에
물을 받아서 구연산을 티스푼으로 한 스푼 물에 넣어서 사용하시면 좋아요

4. 이렇게 탈염한 모발이 물과 만나기 전에
모발 컨디션을 약산성으로 만들고
큐티클을 먼저 정리를 하고 산성샴푸를
하는 것만으로도 모발의 컨디션을 조절할 수 있습니다

5. 산성샴푸는 한 번만 하지 마시고 처음엔
가볍게 해주고 두 번째는 충분히 거품을 내서
5분 정도는 방치하고 깨끗이 헹구세요~ 알칼리를 씻어내는 건 산성입니다

최소한 이렇게 해야 모발 속에 남아있는
알칼리를 깨끗이 빼낼 수 있습니다.

모발이 길면 2~3번 반복해서 산성샴푸를 방치 시간 두면서 하세요

탈염은 인공색소만 깨뜨리는 시술이란걸 잊지 마세요.

컬러체인지 04

이렇게 산성샴푸를 하고 나면
타월로 최대한 물기를 없애고
트리트먼트를 하세요 물기를 대충 닦아내고 트리트먼트를 하게 되면

모발 속에 물기가 많아서 트리트먼트가
모발 속에 잘 들어가지 않아서 효과가 떨어져요

이때 사용하는 트리트먼트는 주의하셔야 하는데
실리콘이 많이 들어있는 트리트먼트는 색을 넣을때 방해를 합니다

코팅력이 좋은 트리트먼트로 헹구면
샴푸실에서는 머릿결이 부드럽고 매끈하겠지만
염색 시술하는 데는 도움이 되지 않아요

컬러보색샴푸를 산성샴푸 대신 사용하는
미용실도 있는데 컬러보색샴푸는 탈색 후는 사용해도

탈염 후는 안하는게 좋은데 왜냐하면 보색샴푸에는 색소가 있잖아요

보통 블루나 보라색이 믹스되어 있어요
탈염은 모발의 색을 빼는 게 아니라 염색색소 인공색소를 빼는 시술인데

그 위에 색이 겹칠수록 컬러가 탁해집니다

그리고 탈염제로 색을 빼면은 대부분 오렌지 🍪 색으로 빠져서
보색샴푸하고 염색하면 컬러감이 칙칙해집니다

더 잘해주고 싶은 마음에 해주고 결과가 제대로
안 나와서 마음상하는 일만 생긴답니다. 탈염후 염색은 심플하게 하세요

컬러체인지 05

탈염을 하고 샴푸와 트리트먼트를 하고
나와서 염색을 하기 전에 모발을 완전히 건조하세요

모발에 수분이 많으면 색이 제대로 안 먹어요
특히 색이 많이 겹쳐있던 끝 부분은 더 어두워집니다

탈염을 잘하고 나서 의외로 컬러체인지를 망치는 경우가 많은데

그중에서 가장 실수를 많이 하는게 산화제의 %를 낮추고
염모제의 레벨을 낮추는 경우인데

탈염하고 모발을 말려보니까 생각보다
모발색이 밝아져서 3%산화제를 1:1로 믹스해서
도포하면 생각보다 색이 확 어두워집니다

보기에는 모발색이 밝아 보이지만 색소가 남아있는
모발에 산화제를 3%로 해서 염색을 하면은 내가 예상한 색보다 어두워져서

시술한 원장님은 당황스럽고 고객님은 짜증 내는
부담스러운 상황이 발생할 수 있어요 ~

탈염 후는 6%산화제를 사용하고 염모제의 레벨도 9번 대부터 시작하세요

최소한으로 9레벨 이상의 염모제를 사용하셔야
색이 어두워지지 않습니다

조정제를 믹스하면 색이 더 어두워집니다 조정제를 믹스하지 말고

색도 두가지 이상을 믹스하지 말고 가능하면
한 가지 색을 사용하는게 컬러가 깔끔하게 나옵니다
 색은 섞을수록 탁해진다는 걸 잊지 마세요.

탈색을 하고난 뒤에

1. 탈색을 잘하고 나서 샴푸하고 컬러를 했는데 색이 제대로 안 들어간다면 ?
탈색으로 레벨을 제대로 올렸는데 색이 잘 안 먹어서 당황한 적 없나요?

탈색을 한 모발은 등전점이 많이 올라간 상태라서 물이 바로 닿이면
폭발합니다

2. 샴푸 전에 버퍼를 충분히 해서 흡수시키고 산성수로 헹구고
산성샴푸를 한번 하고 다시 충분히 산성샴푸를 하고 5~10분은 방치하세요
모발 속에 탈색제가 잔류하면 염색을 해도 색 표현이 제대로 안 되죠

알칼리를 제거하는 건 산성입니다. 산성샴푸를 2~3회하고
방치 시간을 충분히 줘서 탈색제를 빼주고 강산성 트리트먼트하세요

드라이로 완전히 건조를 하세요 아무리 탈색을 잘해도 노란빛이 남아있어서
보색을 하고 색을 넣는 게 가장 예쁜 컬러로 표현이 됩니다 .

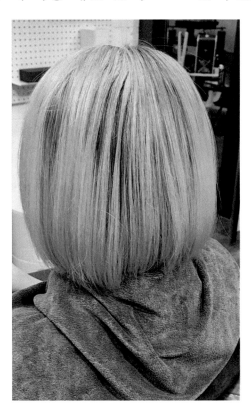

염색을 하기 전에

1.염색 상담의 체크 포인트는
컬러를 하시러 오시는 고객님은
인스타그램이나 유튜브로 원하는 컬러를 캡처해서 오시는데

시술 전 상담에서 가장 실수하기 쉬운 부분은

컬러.즉 색만 보는 경우가 대부분입니다. 예를 들어 볼까요

이 고객님의 컬러에서 명도가 몇 레벨인지를를 정확하게 알 수 있으세요?
조명 따라서 색은 전혀 다르게 보이는데

모발의 명도를 제대로 모르고 색만 보게 되면 실수할 확률이 크게 높아져요

왜냐하면 사람마다 색을 보는 눈이 다르고 취향도 많이 달라서

컬러를 볼때는 명도를 먼저 보고 채도를 뒤에 따로따로 보세요

이 색이 표현되려면 모발의 명도가
어디까지 올라가야 할지를 파악하는 게 최우선입니다.

염색을 하기전에 02

이번에는 채도를 알아볼까요 ?

 채도는 말 그대로 색을 말하는데 모발이 밝을수록
색의 표현력이 정확해져요

미용실 고객님들에게 염색을 할때는

색의 무게감을 먼저 생각해서 염색약을 조제하셔야 하는데

같은 비율로 조정제를 믹스할때
색이 무거우면 진하게 표현되고 색이 가벼우면 연하게 표현됩니다

색의 무게감은 파랑. 빨강. 노랑.순서인 건 아시죠?
이렇게 색의 무게감이 다른 만큼
 같은 비율로 넣어도 색의 표현력이 많이 달라요.

미용실에서 채도를 많이 사용하는 기법 중에 하나가 보색대비인데

흔히 사용하는 것중에서 하나가
붉은 기가 있는 모발에 붉은 색을
중화시킬려고 그린 계열의 염모제를 하는데

그린 계열만 사용하면 단점이 생각보다 컬러감이 어두워져요

붉은색을 중화시켜서 브라운으로
보이게 할려면 그레이 컬러와 애쉬 컬러를 믹스하세요

그레이는 👓 선글라스 효과가 있어
붉은색을 흐릿하게 하는 효과가 있고
애쉬는 푸른색을 가지고 있어 붉은색을 중화시키는 역할을 합니다.

염색을 하기전에 03

색의 명도를 먼저 생각하는 방식을 알았다면 다음 단계로 넘어가서
두 번째는 색의 3속성을 알아볼까요 ~

우리가 컬러를 공부할 때 색의 3속성이란걸 배우게 되는데

컬러는 명도, 채도, 색상으로 이루어져 있다는 거 기억나시죠 ~

이렇게 색의 3속성을 설명하는 데 있어서
1번이 명도 즉 색의 밝기를 말하는데 여기서 말하는 명도는

모발의 밝기와 염색약의 명도를 같이 본다고 생각해 주세요

왜냐하면 모발의 베이스 밝기와 염모제의 명도가
같을 때 가장 이상적인 색이 나오기 때문입니다.

염색을 공부하다 보면 이런 공식을 알게 되는데요

난색 (따뜻한 색)은 같은 모발 명도에서 컬러의 표현이 잘되고

한색 (차가운 색)은 1레벨 밝은 모발 명도에서 표현이 잘 됩니다

이 공식을 정확하게 이해하려면 먼저 모발의 명도를 정확하게 알면
컬러를 만드는데 있어 다양한 응용이 가능해집니다 ~

명도가 밝기라면 채도는 색을 말하는데 채도가 제대로 나오기 위해

명도를 원하는 색을 표현할 수 있는 레벨까지 올린 다음 컬러를 착색하면

내가 만들려고 했던 색상이 표현이 됩니다.

탈염후 염색을 하면 ~?

톤다운컬러를 하고 오신 고객님이
밝은 컬러를 원하셔서
탈색을 하면 모발 손상이 클것 같아서 탈염을 하고

염색을 했는데 생각보다
색이 밝아지지 않는 황당한 일을 경험해보신 적 없으신가요?

탈염을 하고 나면 모발 색이 밝아 보이는 건
탈염은 인공색소를 잘게 깨뜨려서 밝아 보이는 거지 밝아진 건 아닙니다

톤다운컬러의 색소를 흔들어서 잘게 깨트린 상태인데
모발색이 밝아 보인다고

그 위에 다시 염색을 바르면 남아있는 색소와 다시 겹쳐서
다시 색이 어두워져요

밝은 염색을 하기 위해서 탈염을 메인으로 시술한다면 순서는

1. 탈염을 하고 나서 버퍼와 산성수를 하고
2. 산성샴푸 . 알칼리샴푸를 합니다
3. 모발을 건조해서 부분적으로 얼룩이 심하게 보이면
4. 그 부분만 탈색을 하면서 종이로 덮어 주세요
5. 부분 탈색을 하지 않으면 염색 후 얼룩이 눈에 띄어서 클레임걸려요

탈색제에는 플렉스 계열을 10% 내외로 꼭 넣어 준다

탈염으로는 브라운컬러까지만 가능하다고 고객님께 알려 주면서
탈색보다는 모발 손상이 덜해서
관리하면 펌이 가능하다고 상담하세요

20년동안 레이어드 컬러를 하는 이유 !

저희 미용실이 레이어드 컬러 기법을
20년 동안 하는 이유를 알려드릴게요

레이어드 말 그대로 컬러로 층을 만드는 염색기법인데

처음 시작은 20년전에
일본 미용 잡지인 신비요에 겹쳐 바르기란 기법으로 소개되었는데

모발의 베이스 위에 한 번만 염색을 도포하고
시간 되면 샴푸하고 마무리하는 싱글 컬러로는 표현이 안 되는

겹쳐서 보이는 색의 독특한 질감이 너무 예뻐서
시작하게 되었어요

염모제와 6% 산화제를 먼저 바르고 20~ 25분방치후
희망하는 컬러를 3% 산화제와 1~1로 믹스해서
도포하고 15분 후에 마무리하는 기법인데

그 당시 고객님들의 반응이 말 그대로 뜨거웠습니다

기존에 보지 못한 독특한 색감과
색을 겹쳐 발랐기 때문에 유지력도
기존의 염색보다 1.5배 길어지고

색이 빠져도 속에 있는 컬러가 받쳐 줘서
그냥 한마디로 예뻤습니다

그때부터 지금까지 저희 미용실의
메인 컬러레시피는 레이어드입니다.
지금 시대에 맞춰서 트렌디하게요.

중명도의 컬러와 새치염색에서
가장 색이 예쁘고 입체감 있게 표현됩니다.

레이어드 컬러의 비하인드 스토리 !

그렇게 겹쳐바르기를 하면서
무수한 시행착오를 거쳐 가면서 레시피가 정리되고

매뉴얼대로 고객님들께 시술하고 발전시켜 나가고

고객분들의 피드백을 받으면서 시술 일지를 쓰면서
한권의 메뉴얼 북을 만들 수 있었는데

황당한 일이 발생합니다
저희 미용실에 8개월 정도 근무하던 직원이 갑자기 퇴사했는데

나중에 알고 보니까 제가 만든 매뉴얼 북을 몰래 복사해서
 미용재료하던 남자친구랑

서울로 올라가서 이름은 밝힐 수 없지만
한국에서 가장 잘나가는 미용 회사와 계약을 하고 교육 이사가 되어서

1년 동안 서울에서 겹쳐바르기 컬러를 교육을 하고 있더라구요

제가 마음이 불편했던 이유는 다른게 아니고 그 직원은
겹쳐바르기를 배우는중에 그만 두어서 지식이 부족한 상태라서
제대로 된 교육을 할 수 없었고 그러다가 흐지부지되어 버렸어요

20년이 흐른 지금은 그때와는 비교할 수 없게 레이어드 컬러가
업그레이드되고
염모제의 퀄리티가 올라가 있고 다양해져서 고객 한분 한분의
퍼스널컬러를
만들어 드리고 있어요

염모제를 한번 바르고 시간 되면 마무리하는
컬러 기법은 모든 미용실이 하고 있어 차별화가 약해요

다른 미용실의 레이어드 컬러 계산법으로
나만의 색을 만들어 보세요.

레이어드 컬러 🀱 계산기법 01

미용실에서 하는 컬러는 하얀 백지가 아닌 고객의 모발에 하는데

고객마다 모질과 밝기가 다르고 다양한 염색을
한 시술 이력을 가지고 있습니다.

염색을 하기 전에 기준이 되는 계산기법 없이
그때그때 염색약을 조제하는 건 쉽지 않아요 ~ 그냥 적당한 컬러를
하는 건 쉽겠지만

그 정도의 염색 퀄리티로는 높아진 고객들의
눈높이에 맞추지 못하고 되고 매출을 올리기 힘들죠

레이어드 컬러 🀱 계산기법은
1.고객이 원하는 컬러의 명도를 확인합니다(채도는 뒤에)
   예를 들어 고객이 원하는 컬러가 8레벨이라서
   내가 8번대의 염색약을 만들었어요
   그런데 고객의 모발 밝기가 4.라면 8과 4를 합쳐서
   숫자를 나눠 보시면 숫자가 몇 번으로 나오나요?

   6이라는 숫자가 나오죠 ~ 그래서 8번대 염색약을 바르면
   6번대의 컬러가 나와서 시술 전에 상담한 색보다 어둡게 나와요

2. 그럼 어떻게 컬러를 계산해야 8번대의 명도가 나올까요?
   4번대의 모발 밝기에 8번대의 명도가 나오려면
   12번대의 염색약을 6% 산화제에 1~1.5 1~2 비율로
   시술한다고 가정하고 계산해 보시면
   4.와 12.를 합치면 16이 되고 나누면 8이 됩니다.

3. 이런 형식으로 염색을 하기전에 레이어드 🀱 계산기법을
   사용하면 어렵지 않게 염색시술 후의 컬러 명도가
   어떻게 나올지를 미리 알수 있어요

* 더 이상 샴푸실에서 염색아 잘 나와라 하고
  기도하지 않아도 됩니다 ~~

레이어드 컬러 ▦ 계산기법 02

1. 고객의 희망 색을 상담하면서 시술일지를 작성
2. 고객의 모발 명도를 체크한다
3. 도포하는 염색약의 레벨과 산화제의 %를 체크한다

예를 들어 볼까요 ?
고객님이 원하는 색상이 7번대라고 가정하고 계산을 해볼게요
고객님의 모발 밝기가 5 라면
염모제의 레벨은 9를 하셔야 합니다

모발의 명도 5와 염모제의 레벨 9를 합하면
14가 되고 나누게 되면 7이 나오죠 ?
그래서 9번 레벨의 염모제를
5번 명도의 모발에 바르면 7레벨의 색상이 나온답니다

컬러를 하는 순서는 항상
상담으로 고객의 희망 색을 결정하고 모발의 명도를 체크하고

염모제의 레벨을 ▦ 계산해서 염색약을 만드시길 바랍니다

염색약에는 명도만 있는 게 아니고 채도 즉, 반사빛이 있는데

모발에도 이전에 염색한 컬러의 잔여 색소가 남아 있어요

이전 염색한 컬러를 감안하지 않고

컬러를 하시면 내가 계산한 컬러가 나오지 않고
그때그때 다른 컬러가 나와서 당황스러워져요

그래서 꼭 시술 일지를 쓰시고 기록하는 습관을 기르세요.

레이어드 컬러 03

모발에 염색을 하고난 뒤에
시간이 흐르면서 색이 흐릿해지거나 칙칙하게 변합니다

이때 모발에는 잔여 색소가 남게 되는데 남아있는 색소가
새로 들어오는 염색 색소를 만나게 되면 희망하는 색보다

칙칙하고 지저분한 색이 나올 확률이 높아요

그래서 컬러를 하실 때는

신생모는 명도를 체크해야 하지만 기염모의

명도와 남아있는 색이 어떤 색인지를 체크하세요

잔여 색소가 하나도 남아있지 않고 깨끗한 상태라면 좋겠지만

염색을 했던 기염모는 절대 그럴 일이 없답니다

예를 들어 보겠습니다 ~
기염모의 명도는 5인데 남아있는 색이 브라운이
아니고 붉은색의 기운이 남아있다면 ?

고객님이 원하는게 붉은색이 들어가 있다면 다행이지만
붉은색을 싫어한다면 어떤 색을 쓰실 건가요 ?

붉은 색의 보색이 그린이라고 해서 그린을 하게 되면
붉은 색은 중화가 되겠지만
생각했던 것보다 어둡게 컬러가 나올 겁니다.

이렇게 색이 겹치게 되면 색은 칙칙해지는 건
다들 알고 계시죠?

레이어드 컬러 04

색은 겹칠수록 탁해진다고 해서
뿌염만 하게 된다면 어떻게 될까요?

굳이 고객님이 비싼 비용과 시간을 지불하면서
미용실에 올 이유가 없고 집에서 뿌염을 하지 않을까요 ?

같은 모발의 명도라도 염모제를 선택할 땐
한색은 희망색보다 1~2레벨 더 올리고 난색은 명도를 같이 맞추세요

기염모가 클리어하지 않고 색이 남아 있다면
조정제는 믹스하지 마시길
조정제는 색소가 진하다는걸 알고 계시죠?

알면서도 아무 생각 없이 조정제를 믹스해서
기염모에 바르는 걸 너무 많이 봐 왔어요 ~

그리고 기염모는 손상이 된다고
산화제의 %를 낮춰서 바르는 경우가 많죠
기억하셔야 할 건 한 가지 산화제를 3%로 낮춘다면

반대로 염모제의 레벨은 올리셔야 합니다

산화제의 %는 낮추는데 염모제의 레벨이
올라가지 않으면 기염모에 색이
생각보다 진하게 들어갈 확률이 매우 높아요

그리고 또 한 가지 기억하세요 기염모는 건조한 상태에서 염색을 하면

더 건조해져서 색이 빨리 빠지고 부스스해져요 .

케라틴 단백질을 염모제에 10% 믹스해서 시술하는걸 추천합니다.

레이어드 컬러 05

20년 전에 저도 많지는 않았지만, 미용인들에게
겹쳐바르기 컬러기법을 교육을 했었는데

제가 부족한 부분이 많아서 그럴 수도 있겠지만 고객님은 좋아하고
일반적인 염색보다 요금이 높아도 하시는데 반해

미용인들의 반응은 어렵다. 복잡하다. 잘 모르겠다는
반응이 압도적으로 많았어요

지금 생각해보면 그때는 그렇게까지 하지 않아도 고객님들이 많았고
컬러의 질감과 독특한 반사빛보다는
밝고 선명한 색 위주로 염색을 하다 보니 그러지 않았을까 하고 생각합니다

지금의 미용실 경영은 어떠신가요?
지금은 검색과 체험의 시대라고 합니다.

고객분들은 검색을 하고 마음에 들면 예약을 하고 방문해서 시술을
체험하고 온라인으로 리뷰를 올리는 시대입니다

집에서 탈색을 하고 염색을 하고 있고 시술 정보가 넘쳐나는 세상입니다

컬러 시술에서 우리 미용실만의 특별한 레시피가 있나요?
없다면 만들어서라도 알려야 하지 않을까요 ?

인스타나 유튜브를 보면 예쁜 컬러가 넘쳐나는데
실제로 탈색을 하고 염색을 하시는 고객은 그렇게 많지 않고 펌을 하시는
고객들은 탈색을 하지않고 예쁜 컬러를 해달라고 하십니다

중명도의 밝기에서 고채도를 만들 수 있는 레이어드 컬러를
꼭 한번 해보세요.

새치염색을 레이어드 컬러로!

흔히 새치가 자라서 염색하러 오시면
새치가 자란 부분만 염색을 하시는데 전문 용어로 뿌염이라고 하죠~

지금은 단독으로 염색해도 7~8레벨의
밝기로 되면서 새치가 잘 먹는 염모제도 많지만

저희 미용실은 새치염색을 레이어드 컬러기법으로 해 드리고 있어요

한 번에 새치염색을 하는 게 잘못된 방식이라는 건 아닙니다 ~
고객님들이 레이어드 컬러가 가장 만족도가 높았어요

1. 10~11레벨의 염모제를 산화제 6% 1:1 혹은 1:1.5
믹스해서 새치가 자란 신생모에 도포하고 자연 방치합니다

최대한 두피 가까이 비르시는 게 효과적입니다~

2. 모근에 바른 염모제를 거둬내지 않고
가볍게 빗질해서 기염모에 약이 살짝 지나가는 정도로 가볍게 하세요

3. 6.7.8레벨의 새치 염색약을 산화제 3%로
1~1로 믹스해서 뿌염을 하고 15~20분 방치

4. 고객님이 한달에 한번 뿌염을 하러 온다고 하면 기염모는
 퇴색이 되어 있고 집에서 사용하는 샴푸와 트리트먼트에 있는

실리콘 성분들이 모발에 남아 있는데 그 부분을 그대로 방치하면
모발이 경화되는데 레이어드 컬러 기법으로 하면

모발이 경화되지 않아서 머릿결이 부드럽고 윤기가 납니다.

레이어드 컬러 레시피 ! 01

지금부터 레이어드 컬러 레시피를 알아볼까요?

1. 고객님의 시술을 토대로 알려 드리는 게
   가장 현실적이고 도움이 되겠죠

고객님이 새치염색을 하러 오셨는데 뿌염만 하시겠다고 하신다면

어둡지 않고 적당히 밝게 하면서 새치 커버도 잘 되게 해 달라고 하셨어요

2. 10번 ~11번 염모제를 산화제 6%와 1:1.5비율로
믹스 도포하고 15~20분 방치합니다

3. 꼬리빗으로 가볍게 빗어 주고 기존에 새치 커버하는 염모제를
예를 들어 5N 6N 을 산화제 3%와 1:1로 믹스
도포하고 15~20분 방치하시면 됩니다

이렇게 반문하시는 미용인들이 계실 거 같은데요
7레벨 이상 되면서 새치커버 잘되는 염모제를
한 번만 발라도 새치도 잘 먹고 색도 괜찮은데
왜 번거롭게 이렇게 하냐구요?

한 번에 바르는 싱글컬러는 모질과 새치가 얼마만큼 있느냐 따라 결과는
차이가 크고 색의 유지력에서도 차이는 크고 색의 질감도

싱글컬러와 레이어드 컬러는 퀼리티가 다릅니다.

레이어드 컬러 레시피 02

지금의 고객분들은 온라인으로 검색해서
마음에 들면 찾아가는 시대입니다
주변에 미용실이 나의 경쟁상대가 아니라 전국에 있는
다른 미용실보다 적어도 한 가지는 잘해야 생존이 가능합니다

산화염색의 기본은 발색과 착색인데 염모제 1제를
산화제 6%와 믹스해서 모발에 바르면
15분~ 20분 사이에 발색이 일어나고
그 뒤에 10~15분은 착색이 일어납니다

염색약을 모발에 바르고 발색과 착색을 거치면 색상이 나오는데
예를 들어서 오렌지 🍊염색을 했는데 모발 베이스 컬러와 만나면서

예상보다 붉은 오렌지색이 나올 수도 있고 아닐 수도 있는
여러 가지 변수가 많은 게 컬러입니다

레이어드 컬러기법은 발색과 착색을 분리시킨 염색기법이라서
베이스 컬러에 맞춰서 다양한 컬러를 만들 수 있습니다.

61

레이어드 컬러 레시피 03

명도 올리기.
레이어드 컬러 ▦ 계산법으로
전체 모발의 명도를 맞춰 볼까요?

1. 3레벨의 신생모를 8레벨로 올리기 위해선
3+13= 16이죠 이걸 나누면 8이 됩니다

신생모는 13번대의 염모제를 도포하면 8레벨로 올릴 수 있어요

2. 5번대의 기염모에 13번대의 염모제를 하면
5+13=18 이걸 나누면 9가 됩니다
기염모는 버진모보다 1레벨 더 밝아야 한다고 설명을 해 드렸죠 ?

3. 15~20분 경과 후 가볍게 염색을 거둬내고
8번대의 희망색을 산화제 3%와 1~1로 믹스 전체 도포 후 15~20분
방치합니다

약제를 거둬낼 땐 위에서 아래로 가볍게 하세요
큐티클을 거스르는 빗질은 하지 않는게 좋아요

이렇게 먼저 바른 약제를 자연스럽게 거둬내야
다음 약제가 모발에 착색이 잘되고 색이 얼룩지지 않습니다

레이어드 컬러 도포법을 꼭 기억하시고 해주세요

레이어드 컬러를 경험하신 고객님들은 절대로
싱글 컬러에 만족하지 못하십니다

케라틴. 플렉스를 5~10% 믹스해서 하시면 모발이 단단해지고
색도 더 선명하게 나옵니다 .

레이어드 컬러 레시피 04

어떻게 하면 컬러가 가장 예쁘게 표현될까요?
탈색을 하고 염색하면 색이 잘 표현됩니다~
탈색을 반복해서 베이스의 명도가 밝아지고 백모에 가까울수록
색이 투명하게 나오는 걸 모르는 미용인은 없죠

탈색을 많이 할수록 모발의 데미지가 커지지만 색이 잘 나옵니다

하지만,탈색을 제한적으로 하는건 펌을 하기 위해서입니다

탈색모는 아무래도 펌시술에서 컬의 탄력이 떨어집니다

그렇다면 탈색 시술을 최소화하면서
컬러도 예쁘게 하고
펌도 원하는 디자인을 자유롭게 하는 방법은 없을까요?

레이어드 컬러 기법을 추천합니다
1. 염모제로 베이스의 명도를 올리고
2. 15~20분 방치 후에 약제를 가볍게 거둬내고
3. 희망색을 도포해서 15분을 방치 후 마무리하는 기법입니다

복잡하지 않게 심플하게 말씀드리자면 이게 전부입니다.

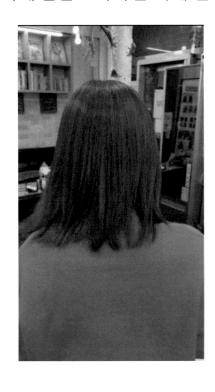

레이어드 컬러 레시피 05

레이어드 컬러를 처음 하실 때는
같은 색끼리 톤온톤 개념으로 시작해 보세요

예를 들어서 레드를 한다면
Ⅰ. 9~10 레벨의 레드 염모제를 6% 산화제와
1:1로 해서 도포하고 15~20분 방치 후 거둬내면 베이스가 밝아져 있겠죠?

2. 밝은 톤의 레드를 원하시면
같은 레벨인 9~10 레벨의 레드를 3% 산화제와 1~1 도포 15분

높은 레벨의 레드가 겹쳐서 밝고 선명한 레드가 되고

두 번째 도포하는 레드가 6~7레벨이라면 진한 레드가 되고

두 번째 도포하는 레드가 조정제라면 강하면서 윤기나는 레드가 됩니다

두 번째 도포하는 컬러가 자주색이라면 마젠타 컬러가 나옵니다

이렇게 같은 계열의 컬러로 레이어드를 하면 뒤에 도포하는 컬러가
같은 색인가 유사색인가에 따라서 컬러를 만들 수 있어요.

레이어드 컬러 레시피 06

레이어드 컬러기법은 발색과 착색을 분리시켜서 하는 염색기법인데

10번대 이상의 염색을 6%로 먼저 해서
모발을 적당히 명도를 올리면서 발색을 하고

희망하는 색을 3% 산화제로 착색을 시켜서 컬러가 만들어지는 과정을
분리하고 발색과 착색된 색들이 겹쳐 지면서 입체감 있는
독특한 질감의 컬러로 표현되죠

처음에 익숙하지 않을 때는 이렇게 해보세요
1.명도를 올린다
2. 채도를 올린다의 순서로 시술하지만
자신만의 컬러 시술일지를 쓰면서
데이터를 모으고 정리하는 과정을 반복하면
자신만의 컬러를 만들 수 있고
고객에게 맞는 퍼스널컬러를 제안할 수 있어요

레이어드 컬러 레시피 07

차트에 있는 컬러를 보고
그 레벨의 염색을 바르면 색이 그대로 나오면 좋겠지만

염색은 모발의 베이스 명도가 어두우면 색이 제대로 안 나오죠 ?
고객님이 원하는 컬러를 상담하고 정해지면

1. 고객님이 원하는 색이 8레벨이라면 (채도는 제외)
먼저 베이스를 8레벨로 만들어야 합니다
신생모의 명도가 3이고 기염모의 명도가 5라면
신생모는 5레벨 기염모는 4레벨이 지금보다 밝아져야 하는데

여기서 잠깐 ! 8레벨로 모발의 명도를 올리는데
신생모는 3에서 5를 더 올리면 8인데
기염모는 5인데 4를 더 올리면 9가 되는데 이런 의문점이 들지 않으세요?

기염모는 버진모가 아니고 이미 염색을 한 이력이 있는 기염모라서
색은 겹칠수록
탁해져서 1레벨을 더 올려야 컬러가 자연스럽게 연결됩니다.

레이어드 컬러 레시피 08

10~11번대의 알칼리가 강한 염모제가
15~20분이 시간이 지나고 나면은 파워가 많이 떨어지는데

이 염모제를 살짝 밑으로 빗어 주면은 모발에 있는 실리콘 성분과

퇴색돼서 칙칙한 기염모가 클리어되면서 디톡스가 됩니다

신생모에 새치염색을 도포하고 시간이 되면 기존의 방식대로
샴푸하고 마무리하셔도 좋은데 저희 미용실은

1. 기염모에 컬러 조정제를 산화제 1.5%를 1:1 비율로 해서 도포
컬러 트리트먼트한것 같은 색을 만들어 드립니다

이렇게 하는 이유는 새치염색을 반복하면
색이 칙칙하게 되기도 하지만 크게 색이 바뀌지 않아서
고객님이 지겨워하고 집에서 중간에 뿌염을 하고 와서
시술 주기가 길어집니다
드라마틱한 색의 변화는 없어도 손상 없이 계절이 바뀔 때마다
색의 톤만 바꿔도 고객님의 만족도는 커지고 외도하지 않습니다.

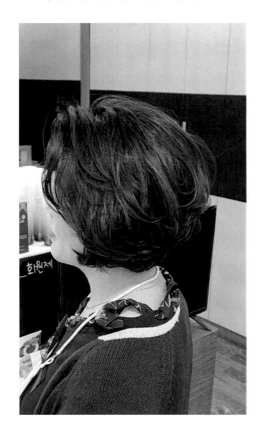

지금 고객들은 !

지금의 고객분들은 미용실보다 더 많은 정보를 가지고 방문하시는데

염색을 하러 오실때도 예전에는 알아서 해주세요 이렇게 하셨는데
지금의 고객분들은
본인에게 어울리는 퍼스널컬러가 어떤 색인지를 알고 오십니다

다른 미용실에서 했던 컬러보다 어울리고
손상 적고 유지력도 긴 컬러를 하지 못한다면 재방문율은 떨어지고
점점 미용실의 매출이 줄어들지 않을까요?

 우리 미용실만의 차별화된 시술 메뉴가 없다면 알리기가 어렵고
기존 고객분들도 늘 비슷비슷한 컬러만
반복해서 해준다면 방문주기가 길어지거나 미용실을 옮기지 않을까요?

예전에 미용실 원장님들을 모시고
컬러교육을 하는데 한 원장님이 이렇게 말씀하셨어요
오늘 교육받은 컬러기법이 좋긴 한데 기존에 방법대로 편하게 하겠다고

지금도 이런 마인드라면 생존하기 힘듭니다.

탈색모발은 왜 잘 안마르는걸까요 ?

1. 첫 번째 원인은 큐티클의 겉 부분에 있는데
큐티클은 물과 잘 섞이지 않는 특징을 가지고 있는데요

탈색을 하면 가지런하게 비늘처럼 생긴 형태의 큐티클이
떨어져 나가거나 심하면 녹는 등의 손상이 생깁니다

큐티클의 형태가 이렇게 변형이 되면서 뒤틀리게 되면은
샴푸를 하면 손상되고 떨어져나간 큐티클 사이 사이로
물이 쉽게 깊숙히 들어가서 머리를 말리는 시간이 길어집니다

건강모는 큐티클이 단단하게 결합이 되어 있어서
샴푸 후 큐티클 바깥쪽에 있는 수분만 말리면 되니까
건조가 훨씬 빠르다

2. 두 번째 원인은 모발 속 모피질에 있는데요
탈색 모발은 모피질에 단백질 성분이 빠진 상태가 되어서
큐티클의 층들이 얇고 가벼워지면서
따로따로 떨어져 있어야 건강모인데
큐티클끼리 서로 붙어 있는 상태가 됩니다

젖어 있는 세탁물을 따로따로 널어서 건조하면 잘 마르지만
젖어있는 세탁물들이 서로 붙어있으면 잘 마르지 않는 상태와
같은 상태가 탈색 모발이라고 생각하시면 됩니다

이런 부분때문에 탈색을 할때는
큐티클층이 서로 달라붙지 않도록
단백질을 보충하면서 하셔야 합니다

탈색 후 모발을 드라이로 건조하는데
 수분이 마르는 속도가 늦을수록
손상이 커졌다고 보시면 되고 반대로 건조가 빠르다면
손상이 크지않게 탈색이 잘 되었다고 판단하세요~~

• 탈색하실 땐 플렉스를 10~ 20%를 꼭 믹스하시고 모발이 마르지
않게 하세요.

탈색한 모발에 복구염색을 하기전에

1. 탈색을 한 고객님이 염색을 하기위해 미용실에 오셨는데

   탈색을 한 모발은 집에서 새치염색을 한 모발과는 완전히
   반대편에 있는 모발 컨디션입니다

   탈색으로 인해서 모발의 pH는 많이 올라가 있고 이완된 상태입니다

2. 산성샴푸를 먼저 해 주세요
   탈색모는 모발 속이 비어있는 다공성모라서 너무 텐션을 주지 말고
   부드럽게 하시는 게 모발에 부담을 주지 않아요.

3. 모발 속이 비어 있다고 트리트먼트를 하는건 좋은데
   모발 속을 채우고 힘을 주는 산성 트리트먼트를 먼저 합니다

   실리콘 성분이 들어 있는 트리트먼트를 하게 되면
   일시적으로 부드러운 결감이 느껴지지만 시술에 방해가 됩니다

4. 80% 정도 건조하고 케라틴 단백질을 도포하고 비닐캡 열처리 15분
   케라틴은 미스트보다는 건열이 효과적입니다

5. 열처리가 끝나면 드라이를 해주세요
   케라틴이 모발 속으로 더 깊숙이 들어가서 모발에 탄력이 생겨요

6. 드라이 후
   염색을 하는데 한 가지 주의 사항은 염색을 할땐
   충분한 양을 도포하세요
   염색약을 적게 바르면 색의 침투력이 약해집니다

7. 탈색모발에 플렉스. 케라틴 단백질을 하는 이유는
   다공성인 모발 속을 단단하게 채우기 위해 하는데

   케라틴 단백질.플렉스를 채우고 염색을 하면
   유지력도 길고 윤기가 나는데 탈색하면
   건조가 잘 안되는 건 다들 아시죠?
   이렇게 케라틴,플렉스를 채우고 염색하면
   건조가 잘되고 손질이 편해요.

파스텔 컬러를 하기 전에!

파스텔 컬러.나만의 느낌있는 쨍한 컬러를 하기 위해서는
탈색을 하는데 탈색 후 원하는 색을 넣기 전에는

보색을 먼저 하고 하시면 훨씬 색이 예쁜데요

보색은 산화제 1.5%에 조정제를 믹스하는데 비율은 이렇게 하세요
조정제와 1.5% 산화제를 1~20~30을 기준으로 해서 5분을 넘기지 마세요.

매직과 염색이 같이 되나요~?

매직을 하시러 오시는 고객님 중에
이렇게 물어보시는 분들은 생각보다 많은데

먼저 톤다운컬러를 원하시는 고객님은
매직 시술을 다 하시고 난 뒤에
뿌염은 산화제를 3%를 하는 게 가장 결이 좋은데

약간의 톤업이 필요하다면 4.5%를 하세요 (악성곱슬은 하지 마세요)

기염모는 어떻게 하면 좋을까요?
기염모는 1.5% 산화제를 사용하세요

신생모에 3% 산화제를 하게 되면
모발이 수축이 돼서 윤기도 더 많이 납니다

산화제의 %가 올라가면 큐티클이 열리는 현상이 생겨서
곱슬이 올라올 수 있으니 주의하세요 .

아이롱으로 볼륨매직 01

제 고객님 중에 미용을 이제 막 시작한
미용 새내기분이 계신데요~

얼마나 배움에 열정이 넘치는지 미용을 시작하기 전엔 저한테만
하시다가 지금은 전국에 잘한다는
미용실을 찾아 다니면서 본인 머리를
하면서 열심히 미용 공부를 하는 중입니다 (존경합니다)

어느 미용실에서 볼륨매직을 했는데
끝이 부자연스러워서 왜 그럴까 생각해보니까

저는 끝을 아이롱으로 해줬는데
그 미용실은 매직기로 끝을 안으로 프레스하고 중화를 했다고 합니다

여기서 제가 드리고 싶은 얘기의 핵심은 볼륨매직은 고객님들이

선호하는 볼륨매직은 뿌리 볼륨도 살아야 하지만
끝이 자연스럽게 들어가는 걸 선호한다는 부분입니다.

아이롱으로 볼륨매직 02

볼륨매직 하실 때 모발 끝 한 바퀴에서
한 바퀴 반을 자연스럽게 안으로
넣고 싶다면 일자로 된 매직기보다는

아이롱으로 하시는 게 훨씬 예쁘고 손질이 편하답니다

아이롱을 잘 못하시는 미용인이라면
이렇게 해보세요

1. 연화를 보고 난뒤에 매직을 할때
모발 끝 위주로 cmc같은 열보호제를 바르고 하는데

아이롱이 익숙하지 않은 분들은
열 보호제를 최소한으로 바르세요

왜냐하면 열 보호제를 많이 바르면 모발에 코팅막을 형성해서

프레스로 일자로 펴는 건 괜찮은데
아이롱으로 끝을 감을려고 하면은 아이롱이 잘 돌아가지 않고

탁탁 걸리는 현상이 발생합니다.

2. 아이롱을 할 때 가장 주의해야 할 부분은
모발 끝에 수분이 고인 상태에서 아이롱을 하면 온도가 낮아도

모발이 터지는 현상이 발생합니다

3. 그럼 아이롱을 잘하지 못하시는 분도 시술 사고 없이 아이롱으로
자연스러운 볼륨매직을 할 수 있는 기법을 알려드릴게요.

아이롱으로 볼륨매직 03

끝을 자연스럽게 들어가는 볼륨매직을
하시려면 아이롱은 18~20미리가 적당합니다

20미리로 아이롱을 하실 거라면
한 치수가 큰 22미리 아이롱을 준비해서

1. 온도는 100도로 맞추고 끝 한 바퀴 ~한 바퀴 반
아이롱을 할 부분을 먼저 한번 살짝만 지나가세요

이때는 너무 천천히 하지 말고 가볍게 모발 끝에 수분을 날린다는
기분으로 한 번만 해주세요

이렇게 먼저 선작업을 하면
모발 끝에 수분이 고이지 않아서 모발 끝이 터지지 않고
모발에 윤기도 훨씬 많이 올라옵니다~

2. 18~20미리 아이롱 온도를 130~150으로
해서 반 바퀴씩 돌린다는 기분으로 와인딩하세요

3. 섹션의 각도는 45도를 유지하고 각도가 다운되는 건 괜찮은데
각도가 45도 위로 올라가지 않게 하세요

4. 반 바퀴 와인딩해서 5~10초 내외로 뜸을 들이세요
아이롱을 빼줄 때는 여러번 회전을 해주고 빼주세요

5.열보호제를 많이 바르지 않고 100도로 먼저
한 치수 큰 아이롱으로 선작업하고 하는
아이롱 한 바퀴는 연습만 하면 어렵지 않고 프레스로만 한 것보다는

고객님들의 만족도는 아주 높아요~
꼭 이렇게 아이롱으로 시술해 보세요.

매직프레스의 순서 !

곱슬머리를 펼 때는 매직 시술을 하는데
윤기나고 찰랑찰랑한 머릿결로 매직을 해드리면 고객님의 만족도가 높
아지고
시술하는 미용실의 매출도 올라갑니다 ~~

윤기나고 찰랑찰랑한 머릿결을 만드는 매직프레스 순서를 알아볼까요 ~?

1. 곱슬이 심할수록 건조한 모발일수록 수분이 있는 습식매직을 합니다
2. 프레스를 할 때는 매직기를 가능하면 여러 개를 준비한다
3. 처음엔 매직기 온도를 120~150 이하로 낮은 온도부터 시작한다
4. 빠르게 매직기를 하는 것보다는 천천히 프레스한다
5. 판넬의 각도는 두피와 수평으로 하고 각도를 낮추지 않는다
6. 습식으로 시작해서 마지막은 건식으로 끝낸다
7. 매직기는 천천히 뜸을 들이고 과도한 텐션을 주지 않는다
8. 프레스는 텐션을 과도하게 잡아당기지 말고 하세요
9. 중화는 크림타입으로 한다.

이런 순서로 매직프레스를 해보세요.

탈색을 어떻게 하세요 ~?

1. 알칼리샴푸를 하고 산성 트리트먼트를 해서 5~10분 방치 후 헹굼
2. 수분을 70~80% 건조하고 케라틴 도포. 건열 10분. 드라이
3. 어두운 염색이 된 모발은 탈염을 먼저 한다
4. 밝은 염색을 한 모발도 탈염을 먼저 하면 색이 잘 빠진다
5. 탈염을 했으면 산성샴푸. 산성 크리닉으로 헹굼
6. 모발을 건조하고 케라틴 단백질을 한다 (2번과 동일)
7. 탈색 약은 두껍게 바르고 모발의 수분이 마르지 않게 한다
8. 30분 방치하고 6% 산화제를 바르고 5~10분 자연 방치한다
9. 색이 덜 빠지면 탈색제를 거둬내고 다시 도포한다
10. 15~20분 경과 후 3% 산화제를 도포 5~10분 자연 방치한다

탈색이 끝나면 버퍼를 먼저 분무 3~5분
산성수. 산성샴푸. 산성크리닉으로 등전점을 맞춘다

타월 드라이를 해서 최대한 물기를 제거하고
케라틴 단백질을 모발에 도포 건열로 열처리.

드라이하고 염색을 한다.

저희 미용실은 이런 순서로 탈색하고 염색을 합니다.
탈염제와 탈색제 염모제에 플렉스를 10% 이상은 꼭 넣어 주세요.

아날로그 웨이브 01

연화펌이 대세라고는 하지만 롯드펌을 하시는 고객님들은
계속 롯드펌을 하시는데
롯드펌의 장점은 뿌리까지 와인딩을 해서 볼륨을 살리기 좋고
다른 시술과 연계할 수 있고
드라이나 롤을 잘하시는 고객님들은 롯드펌을 선호하십니다

깁자기 롯드펌을 얘기하는 건
미용실 시술 메뉴에서 빠질 수 없는 시술이고
잘만 사용하면 효과가 큰 메뉴입니다

누구나 하지만 제대로 시술하는 미용실을 별로 못 봤어요
모든 화학 시술이 그렇지만 펌은
모발이 건강할수록 결과물이 좋은데
롯드펌도 마찬가지입니다 새치염색을 주기적으로 하시는 고객님들께는
롯드펌의 활용범위가 많은데 하나씩 알아볼까요 ?

아날로그 웨이브 02

저희 미용실은 복구전문점이라서
열펌과 복구염색 고객님이 가장 많지만
롯드펌을 하시는 분들은 계속해서 롯드펌을 하십니다~
어떻게 하는지 알려드릴게요

1. 알칼리샴푸하고 산성 크리닉을 합니다
2. 단백질을 채우고 열처리 10분을 합니다
3. 드라이를 해서 모발의 수분을 날리면서 결을 깨끗이 잡아 줍니다
4. 산성펌제. 시스테인 중에서 모발에 맞는 펌제를
도포하면서 와인딩하는데 가능하면 큰 롯드를 사용합니다
5. 열처리하고 컬 테스트 보고 중화하고 샴푸. 마무리 과정은 똑같아요

그런데 고객님들이 연화펌과 가격이 같은데도 해달라고 하는 이유는
바로 알칼리샴푸로 큐티클을 열어주고 약산성으로 등전점을 맞추고

딘백질을 채운 다음 펌을 해서 머릿결이 윤기나고 단단해져서
모발에 탄력이 생기고 손질이 편하기 때문입니다
이 레시피로 한번 해 보시길 추천합니다.

디지로그웨이브 01

50대 고객님들이 가장 좋아하시는
저희 미용실만의 디지로그 웨이브를 소개합니다

50대가 넘어가면 아무래도 모발의 탄력이 떨어져서
관리를 잘해 드려도 컬의 탄력과 볼륨이 예전만큼 안 나온다고
원망아닌 원망을 고객님께 듣기도 하는데

집에서 샴푸하고 드라이로 잘 건조를 하시는 고객님들은
연화펌을 해드리는데

손질을 잘 못하시는 분. 안 하면서 미용실 탓을 하시는 고객님들도
계시는데 그런 고객님들을 위해서

저희 미용실에서 만든 레시피인데 고객님들의 반응이
말 그대로 핫합니다

시술 방법을 지금부터 알려드릴게요.

디지로그 웨이브 02

시술순서
1. 커트하고 와인딩 하는 방법은 기존에 롯드펌과 동일합니다

2. 더 예쁘게 하고 싶다면 지금부터 잘 읽어주세요
3. 커트하고 와인딩할때는 롯드의 크기를 원하는 사이즈보다
한 단계만 적은걸로 하세요

4. 와인딩.열처리. 컬 테스트. 중화. 샴푸까지는 동일합니다
트리트먼트는 하지 마세요

5. 샴푸하고 나온 상태에서 90% 건조하고 케라틴을 도포하고
디지털 롯드로 와인딩 하세요

6. 100도 5분 120도 3분 정도 열처리하시고 롯드열이 식으면
산성수로만 살짝 헹구고 마무리하세요

7. 이렇게 하면 먼저 롯드의 컬은 한 단계 커지고
컬의 탄력은 좋아지고 가장 중요한 컬의 유지력은
일반펌만 했을때 보다 길어지고 윤기도 오래갑니다

8. 컬이 잘 처지는 가는 모발에 하면 더 효과가 큽니다.

롯드펌을 할 때 크리닉을 추가해서 시술하는 미용실이 많은데
이렇게 롯드펌을 하고 크리닉을 산성 크리닉으로 해서

디지털로 하면 단백질 흡수력이 좋아서 컬의 탄력과 모발의 윤기
손질도 훨씬 편하답니다.

아날로그 방식의 펌과 디지털 크리닉이 결합한 디지로그 웨이브
미용실에서 활용하세요 .

복구하는 직펌은 어떻게 하나요~?

연화펌을 하면 결은 좋은데 컬을 더 탄력 있고 강하게 해달라고
하시는 고객님들이 있는데

일반펌은 컬의 탄력이 마음에 안들고 연화펌은
머리 감고 완전 건조를 해야 컬이 예쁜데
그렇게까지 손질은 귀찮아하시는 고객님들은 저희 미용실에서는

복구하는 직펌을 시술해 드립니다

고객님들을 원하시면 레시피를 만들어내는 미용실~~
연화펌같은 느낌인데 컬의 탄력은 더 나오는 복구하는

직펌 레시피를 지금부터 하나씩 알아볼까요~

복구하는 직펌 레시피

1. 알칼리샴푸를 하고 산성 크리닉을 합니다

2. 연화를 보는 건 맞는데 50%만 연화를 보세요

3. 버퍼와 산성샴푸 산성크리닉을 합니다

4. 드라이를 하면서 머릿결을 잡아 줍니다

5. 시스테인.멀티펌제를 바르면서 와인딩

6. 열처리. 컬테스트.중화.샴푸하는 과정은 일반펌과 동일합니다

복구하는 직펌 시술에 대해서 설명할께요~

50%의 연화를 보면 모발이 펌제를 받아들이기 쉽겠죠

샴푸하고 산성크리닉으로 등전점을 맞추고 나와서 모발은 안정화된
상태서 드라이를 하면 머릿결이 정리되면서 큐티클이 정돈됩니다

시스테인이나 멀티펌제를 소량만 도포해도 컬은 잘 나오고
2제는 당연히 브롬산을 사용합니다

여기서 한번 생각해 볼까요?
펌이 가장 잘 나오는 모발의 상태를 먼저 만들고 등전점을 맞추고
드라이로 결을 정리하고 최소한의 파워 약한 펌제로 컬을 만들고
브롬산으로 중화하고 마무리 샴푸 하면서 큐티클을 닫아주는
시술이 복구하는 직펌입니다.

주의하실 부분은 한가지 컬이 잘 나오니 롯드를 크게 섹션도 크게
하는게 탄력있고 예쁜 윤기나는 웨이브가 나와요.

저희 미용실은 복구전문점입니다.

그래서 복구염색.복구매직. 복구열펌을 메인으로 시술합니다
미용을 시작한 지는 30년이 되었고 울산에서 미용실을 하고 있어요

경력이 많다는 걸 말하고 싶은 건 아니고 그동안 미용이란 분야가
얼마나 많은 변화와 발전을 했는지를 온몸으로 체험했고

시대에 뒤떨어지지 않으려고 그동안에 좋다는 미용교육과 미용 서적을
거의 다라고 해도 좋을 만큼 배우고 해보고 그렇게 미용을 하고 있어요

지금은 검색과 검증의 시대라고 해서 대다수의 고객분들이
검색해서 자신에게 맞는 시술을 하는 미용실을 찾고 있습니다

검색을 하고 오신 고객님들께는 검증된 시술을 해드려야
차별화가 되고 재방문이 일어나는데 그 검증된
시술 메뉴를 같이 나누고자 이 책을 쓰게 되었습니다

기술이란 부분은 다 알려 드려도
각자의 성향과 환경이 달라서 각자의 방식으로
다르게 표현된다는 걸 잘 알고 있습니다.

아무래도 미용실의 매출을 올리는 메뉴는 열펌과 컬러가 아닐까 합니다

그래서 고객님들이 가장 좋아하시는 다양한 열펌과 컬러 기법을
시술 위주로 해서 이 책에 담았어요~

이 책을 보시는 미용인분들에게 작은 도움이 되었으면 합니다.

이아라. 교육 문의는 010 9395 5072 (문자 주세요 ~)

이온 결합은 s_s 결합. 시스틴 결합과 케라틴 !

모발 속에 이온결합은 모발 강도의 35%를 차지하는 측쇄결합인데
모발의 이온결합은 pH 4.5_5.5의 등전점일 때 결합력이 안정화된다

이온결합은 모발이 건강할 때 강하게 결합하고 등전점에서 멀어지면
이온결합도 약해지는데
모발의 pH가 강산이나 알칼리로 치우치면 이온결합은 약해집니다

펌.염색시술에 알칼리제를 사용하는 건 모발에 음이온을 +해서
이온결합을 팽윤시켜 모피질까지 침투시키기 위해서인데

그래서 펌.염색후 잔류하는 알칼리를 제거해서 등전점을
맞추는 시술을 해야한다

측쇄결합 중 가장 단단한 시스틴 결합은
두 개의 시스테인이 한 개의 시스틴으로 결합해서 시스틴은
다른 시스틴과 결합해 시스틴 결합이 되면서 케라틴 단백질도 완성됩니다

케라틴은 점성과 탄성이 높고 물에 잘 녹지 않으면서 단단한 구조이면서
모발의 주성분이다

염색을 했는데 얼룩이 심할수록 손상이 가장 큰 이유입니다
머릿결이 윤기가 날려면 모발 속에 수분이 10~15% 있어야 합니다
그래서 케라틴 시술을 할 때는
드라이를 먼저해서 모발의 겉 수분을 날리면서 결을 정리하고
프레스로 닫아주는 시술 순서로 하시는 게 가장 유지력이 길어요

모발 과학을 배우는 건 좋지만 이 정도만 공부하고
고객님이 원하는 디자인을 손상 없이 시술해주는게 가장 중요합니다.

펌.염색전은 먼저 속을 채우고 펌. 염색 후는 큐티클을
가지런하게 닫아주세요.
이것이 복구의 기본 개념입니다.

나만의 시그니처 메뉴가 있나요 ?

지금부터는 미용실이 디자이너가 성장하기 위해서는
나만의 독창적인 시그니처 레시피가 있어야만 합니다

어떤 게 가장 좋을지는 미용실의 환경과 고객층에 따라서
다르지만 이 중에서 나에게 맞는 시그니처 레시피를 만들어 보세요

1. 디지로그 웨이브
 열펌의 탄력있는 컬과 롯드펌의 뿌리 볼륨을 만들어주는 신개념 펌기법.

2. 복구하는 매직 직펌
 머릿결을 복구하면서 탄력있는 열펌의 컬을 손상없이 만드는 볼륨열펌.

3. 연화펌의 모든 것
 열펌을 잘하기 위한 고객상담,모발진단,연화.커트,
 와인딩.프레스, 마무리까지

4. 복구 염색
 복구전문점에서 하는 복구 염색기법의 과정과 테크닉

5. 레이어드 컬러
 지금의 고객분들은 퍼스널컬러를 만들어 주는 컬러 테크닉

6. 복구 매직.크리닉
 복구 매직과 복구 크리닉을 같이 접목하는 시그니처매직.크리닉기법

이렇게 크게 나누면 6가지의 레시피 중에서 내가 관심있고 매출에 도움 되는
우리 미용실에 필요한 레시피가 있다면 고민하지 말고 교육 신청하세요~

1:1 개인 교육. 그룹 교육. 문자 주시면 상담해 드릴께요 ~~

지금은 명품보다는 머릿결이 좋아야 럭셔리!

머릿결이 윤기나면 평범한 얼굴도 예쁘게 보입니다
윤기나는 머릿결은 건강과 젊음의 상징인데

고객님이 미용실에 들어올 때는 부스스한 머릿결이었는데
시술을 하고 나가실 때 머릿결이 윤기나고 찰랑찰랑거리면
훨씬 고급진 느낌이 나지 않나요?

좋다는 거 다 써서 펌.컬러를 해드렸는데 시술을 받고 나서는
하기 전보다 머릿결이 더 나빠진 것 같은데
이런 말 들으면 정말 속상하잖아요 ~

고객이 부담스러울까 봐 사실은 크리닉 비용도 조금밖에
추가하지 않았는데... 어떻게 보면 펌.컬러는 화학적인 시술인데
하기 전보다 머릿결이 더 좋아진다는게 가능한가요 ?

우리가 하는 모든 시술이 하기 전보다 시술 후에 고객이 느끼기에
더 머릿결이 좋아졌다는 만족감을 줄려면

1. 머릿결이 윤기나고 2. 만졌을 때 부드러운 느낌이 들어야 합니다
그러기 위해서는 어떤 부분을 지금의 펌.컬러 시술에 추가를
해야 할까요?

저희가 복구전문점을 하면서 교육을 하면
펌이나 컬러에는 제품을 사용하는데 미리 알려 드릴 부분은
특정 제품을 지원받아서 하는 건 없고 사용해보고

가장 효과가 큰 제품을 사용하는 거라서 교육을 받게 되시는 분들은
교육을 받으시고 같은 제품을 사용하셔도 되고
내가 쓰는 제품을 접목해서 사용하시면 되세요

혹시라도 제품 교육이란 오해가 있을까 봐 미리 알려 드립니다.

복구시술을 하기전에 01

모발은 무생물이고 구성 물질 대부분이 단백질이다!

1.시스틴결합 :(S-S) 시스틴이 함유된 가장 단단한 케라틴단백질 결합.

2. 이온결합 : (+ -) pH 4.5~ 5.5의 등전점에서 이온결합이 가장 안정화된다

3. 수소결합 : 측쇄결합 중 가장 많이 차지하는 결합으로
수분이 들어가면 절단되고 수분이 건조하면 재결합된다

수소결합의 파워는 다른 화학결합보다 훨씬 약한데
모발을 구성하는 케라틴 단백질을 합성하는 과정에서 아미노산이
케라틴 단백질에 이르는 과정에는 다양한 결합들이 관여합니다

수소결합에 필요한 물질이 수분인데 물은 수소 2개와 산소 1개로 이루어진
산화수소이며 수소결합은 케라틴 분자에 스며들면 수소결합의 파워는
약해지지만 케라틴 단백질로 인해서 수소결합이 절단되면서 유연해지고

외부에서 작용하는 압축력과 작용하는 파워의 강도에 따라서
수소결합이 끊어지면서 모발에 윤기가 나타난다
수소결합은 분자 간의 결합들이 수분이 날아가면서 더 강력한 분자가
만들어지면서 생기는 결합이다

이온결합은 양이온은 전자를 받으려 하고 음이온은 전자를 내놓으려고 하면서
생기는 결합으로 물질들간에 서로 주고받으면서 더 큰 물질을 만들고
모발 강도의 35%를 차지하는 측쇄결합입니다

4. 정제수
 정제수는 화학 약품에 가장 많이 배합된 물질이고 정제수가 케라틴 단백질과
믹스되면 모발을 유연하게 부풀려 다른 물질을 이동시키는 공간을 만든다

복구 시술을 하기 전에 02

이온결합은 모발이 건강할 때 강하게 결합하고 등전점에서 멀어지면
이온결합도 약해지는데
 pH가 한쪽으로 기울어지면 이온결합도 약해집니다

펌. 염색 후 잔류하는 알칼리를 제거해서 등전점을 맞추는 시술을
꼭 해야하는 이유가 여기에 있습니다

시스틴 결합은 3가지 측쇄결합 중 가장 단단한 결합이고
두 개의 시스테인이 한 개의 시스틴으로 결합해서 시스틴은
또 다른 시스틴과 결합해 시스틴 결합을 하면서
케라틴 단백질도 완성됩니다

머리카락은 무생물이지만 결합과 절단을 반복하고
적정한 수분을 유지하는 유지하는 능력을 가지고 있어요

케라틴 단백질을 이용해서 모발 속에 흩어져 있는 결합들을
뭉치게 해서 단단하게 만들어 유지력을 길게 만들고

모발겉면의 큐티클을 일정한 방향으로 촘촘하게 닫아주면서
정리를 해야 모발이 복구되는데

케라틴 단백질이 모발 속으로 들어가기 위해서는
1. 모발속에 들어있는 돌연변이 결합들을 먼저 빼내서 공간을 만들고
그 공간을 만드는데 불필요한 수분을 먼저 날려 보냅니다

2. 필요한 만큼의 케라틴 단백질을 모발에 도포하고 침투시키는
열과 시간이 필요한데요

여기에서 열을 줄 때는 큐티클을 닫아주는 기법으로 시술하고 겉 수분이
남아있지 잃게 시술을 마무리해야 유지력이 길고 윤기가 많이 납니다

어떤 제품과 도구를 사용하는가도 중요하지만
더 중요한 건 어떻게 시술을 하는가인데
같은 제품과 기구를 사용해도 전혀 다른 결과가 나는 이유입니다.

복구펌, 복구크리닉, 복구염색 !

건강한 모발에 복구시술은 할 이유가 당연히 없죠
복구는 데미지가 큰 모발에 하는 시술이지만 손상이 심할수록
유지력이 떨어지는 게 현실입니다

탈색을 반복해서 데미지가 큰 모발에 복구펌을 하게 되면 결과는
둘중에 하나 컬이 지저분하게 나오거나
오늘은 컬이 나와도 금방 풀리게 됩니다

복구펌을 흔히들 연화펌으로 하는데 성공할 확률이 매우 낮아요
모발 속에서 컬의 형태를 잡아줄 단백질이 부족하고
단백질을 채우고 연화를 보면 안정적으로 연화는 볼 수 있지만

높은 열과 수분을 이용한 뜸으로 컬을 만드는 연화펌은
열펌의 고수가 아니면 결과를 절대 장담못합니다

복구염색도 같은 맥락인데요
탈색을 반복해서 다공성모가 된 모발은 컬러를 잡아 줄 힘이 없고
손상도가 복잡해서 색을 밝게 할수록 얼룩이 심한 현상이 일어납니다

많은 실패와 경험을 통해서 잘하시는 분도 계시지만 그분들이라
늘 시술이 잘되는 것도 아니라는 걸 아셨으면 합니다

복구는 반복적으로 말씀드리자면 먼저 속을 단단하게 채우고
그 위에 컬을 만들든 색을 입힐려면 화학제품을 도포해야 하는데

모발 속을 채운 손상모위에 바르는 화학제품도
안정화를 시킨 제품을 사용해야 내가 원하고 고객이 원하는 결과를
만들어 낼 수 있고 매출도 높게 올릴수 있습니다

정리를 하자면 채우고 형태를 만드는 시술을 안정화시켜서 해야 하고
그러기 위해서는 내가 사용하는 제품을 제대로 쓸 수 있는 기술력과
고객 상담력을 같이 길러야 스트레스 덜 받는 복구 시술이 가능합니다
.

모발의 물리적 특성

모발이 수분을 흡수하면 물과 단백질 사이에 수소결합이 일어나면서
부드러워지고 수분을 흡수하면 모발은 직경이 20% 정도 늘어납니다

큐티클은 모발을 보호하는 역할을 하지만 높은 pH의
알칼리. 높은 온도로 열린다 탈색이나 연화펌을 반복해서 시술한 모발은
건강모와 비교해보면 인장강도가 약하고 끝이 끊어진 부분의 형태가
들뜨고 분리되고 찢어진다

알칼리는 모발을 부드럽게 유연하게 하고 산성은
모발을 수축하고 경화시킨다 탈색을 반복한 모발의 큐티클층은
거칠어지고 탄력이 떨어져 늘어지고
탈색 모발은 다공성모가 되면서 건조하고 약해지면서
습도에 민감하면서 잘 엉키는데 원인은 구멍이 많이 형성된
다공성모로 바뀌면서
빈 공간사이로 수분들이 들어가서 모발 속을 채운다

손상이 심할수록 케라틴 단백질을 채울 땐 한 번에 많이 도포한다고 해서
다 들어가지 않아서 한 번에 들어갈 만큼만 넣어 주고 부족하면 채우는
도포법이 효과가 큽니다

큐티클이 열리면서 수분과 케라틴이 모피질에 흡수시키고 난 뒤에
모발이 열변성이 일어나지 않을 정도의 열량을 습열과 건열을
적절하게 사용해서 밸런스를 맞춘다 이때 시술 시 효과를 커질려면은

모발에 밀착하는 정도와 텐션을 어떻게 주느냐에 따라서
결과는 많이 달라진다
한국인의 모발은 갈수록 열변성으로 인해서 돌연변이 결합들이 많아져서
모발은 얇아지고 열에 대한 내성이 커져있는 상태이다

건열에 의한 손상모의 특징은 겉으로 보기에는 윤기있고 건강모처럼 보이고
습열에 의한 손상모의 특징은 거칠고 부스스해 보인다

모발진단은 반드시 마른 상태와 젖은 상태에서의 차이가 얼마나 큰지를
먼저 알아보세요.

염색염료는 구조적으로 케라틴과 흡착이 잘 된다는것도 알아 두시면
복구염색을 할 때도 큰 도움이 되실 겁니다.

복구를 넘어 무손상 시술 !!

복구전문점을 하면서 오시는 고객분들을 상담하면서
가장 크게 느낀 점은 복구가 필요없는 무손상 시술은 없을까 🤔 였고

이미 손상이 깊어서 복구를 해드려도 관리를 어떻게 하는가에 따라서
유지력이 달라지는 게 현실입니다

열펌과 컬러시술을 잘못해서 손상이 커진 분들이 많으신데
열펌은 연화를 보고 펌제를 헹구고 수분과 열을 이용해서 뜸으로 형태를
만드는 시술을 말하는데

셋팅.디지털펌과 매직.아이롱펌이 여기에 해당하고
열펌이 처음에 한국의 미용에 도입된 시기는 고객들의 모발이 건강했었어요

그런데 지금은 열펌 시술이 많이 달라지고 발전했지만
그만큼 고객들의 모발도 손상이 심해져서
처음 열펌을 시작했던 그때의 열펌시술 방식은
더 이상 지금의 고객분들의 모발에 충분하지 않고

컬러도 마찬가지인데 홈 컬러가 크게 늘어나고 새치가 많고
 탈색을 많이 하는 지금의 고객 모발에 효과가 큰 시술 레시피가 필요합니다

1. 무손상 매직:
 곱슬을 잘 펴는 시술기법은 많지만 매직을 반복해 열변성이 일어난 모발은
 어떻게 해결하십니까 ?
2.무손상 열펌 :
   연화를 반복해서 가늘어지고 거칠어진 모발에 건강한 컬을 만들 수 있나요?

3. 무손상 컬러:
   새치염색을 반복해서 경화되고 탈색 반복해서 다공성모가 된 모발에
   윤기나고 유지력이 오래가는 컬러를 하실 수 있나요?

1.무손상 매직. 2. 무손상 열펌. 3. 무손상 컬러. 4. 복구 크리닉.
이중에서 한가지라도 부족하다는 생각이 든다면 교육 신청하세요~~

잘 나가는 다른 미용실은 뭘 하지?

발 행 | 2023년 07월 27일

저 자 | 김민국

펴낸이 | 한건희

펴낸곳 | 주식회사 부크크

출판사등록 | 2014.07.15.(제2014-16호)

주 소 | 서울특별시 금천구 가산디지털1로 119 SK트윈타워 A동 305호

전 화 | 1670-8316

이메일 | info@bookk.co.kr

ISBN | 979-11-410-3740-6

www.bookk.co.kr